DU MÊME AUTEUR

*La notion de loisir dans la société française contemporaine.*

*Pour une démocratie culturelle, de la culture au loisir*, Paris, Université de Paris II, 1978.

*Vers une société du temps libre*, Paris, Presses Universitaires de France, 1982.

*Vivre en l'an 2000*, Paris, Albin Michel, 1986.



ISBN 2 13 045160 8

Dépôt légal — 1re édition : 1980
4e édition corrigée : 1993, janvier

# INTRODUCTION

## I. — Un problème de définition

Le ou les loisirs ? Il est plus courant de voir le mot loisir utilisé au pluriel. On peut déjà voir là un indice de la difficulté à trouver une unité de définition derrière ce mot un peu magique, qui fleurit dans les discours et qui résonne comme un moment privilégié de l'existence.

A défaut de définition exhaustive, on peut recenser quelques-unes des principales significations du mot loisir.

Au pluriel, les loisirs désignent ces activités librement choisies en fonction des goûts et aspirations de chacun. Même si certaines activités prédominent (sports, voyage, télévision), la gamme des activités de loisir est pratiquement illimitée, puisqu'elle dépend des motivations de chaque individu.

Au singulier, le loisir peut avoir deux significations : la première identifie le loisir au temps de loisir. Le loisir serait avant tout du temps libre indépendamment même des activités qui peuvent remplir ce temps disponible. Après tout, la paresse, « ne rien faire », peuvent très bien être vécus comme un loisir. Mais le temps de loisir ne se confond pas avec le temps hors travail, comme on a souvent tendance à le considérer. De multiples obligations viennent se greffer sur le temps de travail et « parasiter » le temps disponible pour le loisir :

— que ce soit le temps de transport qui ne cesse de s'allonger avec la séparation, de plus en plus nette, entre lieu de travail et lieu de résidence ;
— que ce soit les obligations familiales ou sociales (démarches administratives par exemple), sans compter le temps nécessaire à la satisfaction des besoins physiologiques (le sommeil, les repas, etc.).

Ce temps « contraint » se surajoute au temps de travail pour diminuer la part du temps réellement disponible pour les loisirs.

L'étude des budgets-temps des Français a permis d'évaluer le temps disponible moyen pour une journée type :

— 3,8 heures pour les hommes actifs ;
— 2,8 heures pour les femmes actives ;
— 4,4 heures pour les femmes inactives.

Il ne s'agit là que d'une estimation, car comment évaluer de manière précise le temps disponible ?

Les activités familiales relèvent-elles de la contrainte ou d'un libre choix ? Souvent les deux facteurs sont étroitement mêlés ; c'est pourquoi certains auteurs comme J. Dumazedier ont proposé de baptiser ces activités à caractère mixte du nom de « semi-loisirs », marquant la difficulté et l'ambiguïté à saisir le temps de loisir et les activités qui lui sont liées de manière rigoureuse.

D'autres auteurs, tel M. Kaplan, pour échapper à cette difficulté, ont choisi une troisième approche du loisir, distincte d'une définition par le contenu des activités de loisir ou par le temps nécessaire à leur développement.

Toute activité résultant d'un libre choix et propre à procurer un sentiment de liberté à la personne dans l'exercice d'une activité relèverait du loisir.

Le loisir serait donc avant tout une *attitude psychologique* de l'individu.

A partir de cette définition, n'importe quelle activité peut être vécue comme un loisir puisque tout dépend de l'état d'esprit dans lequel on pratique cette activité. Même le travail peut, selon cette conception, prendre la forme d'un loisir.

C'est bien entendu l'ensemble de ces trois significations, qui se complètent, qu'il faut prendre en compte lorsqu'on parle de loisir.

## II. — Un problème de société

A première vue, le loisir concerne spécifiquement l'individu puisqu'il dépend de son libre choix, de l'exercice de sa liberté. Mais outre le fait que les divers déterminismes sociaux conditionnent relativement le choix de l'individu, le loisir, par l'ampleur qu'il a prise, est bien devenu un phénomène de société.

L'abaissement progressif de la durée du travail, l'augmentation du temps libre touchent toutes les catégories de la population active.

Le temps libre, qui était autrefois marginal, tend à devenir capital. Non seulement parce que sa durée augmente, mais plus encore par le moment privilégié qu'il représente pour satisfaire des besoins d'autant plus nombreux que la vie de travail s'uniformise, se mécanise et laisse de moins en moins de place à l'expression propre du salarié. Dans cette perspective, le loisir s'oppose au travail, il en constitue l'antidote.

Parallèlement à l'augmentation du temps libre,

les pratiques de loisir s'intensifient. Le loisir n'est plus ce temps « creux » et vide succédant au temps de travail. Il n'est plus seulement le temps nécessaire à la reproduction de la force de travail comme le définissaient les marxistes.

Il se traduit par des pratiques actives individuelles ou collectives qui, par leur extension et par les infrastructures qu'elles supposent, en font un phénomène social de première importance. Citons par exemple le développement du tourisme en France : chaque année les Français sont de plus en plus nombreux à partir en vacances puisque le taux de départ se situe désormais au-dessus de 60 %. L'augmentation des départs à l'occasion des week-ends ou de courtes vacances est encore plus significative. L'essor des loisirs sportifs est également étonnant et il est impossible de recenser le nombre de Français qui spontanément se livrent d'eux-mêmes à des activités physiques. (L'exemple du *jogging* est à cet égard tout à fait intéressant, car, parti d'un phénomène de mode, il semble durer et se développer au-delà de ce que l'on aurait pu prévoir.)

Bien entendu, toutes les activités de loisir ne connaissent pas semblable essor (certains loisirs culturels sont même en régression) et ne se répartissent pas également au sein des différentes catégories de la population, nous y reviendrons.

Néanmoins, le droit au loisir est devenu une revendication sociale fondamentale. Les syndicats et notamment la CFDT ne s'y sont pas trompés en appuyant avec force les revendications dites « qualitatives » (réduction de la durée du travail, abaissement de l'âge de la retraite, amélioration de la qualité de la vie et des loisirs).

Pourtant, malgré le développement rapide des

loisirs, ceux-ci n'occupent pas la place que certains leur avaient prédite au début des années 60.

On parlait à l'époque d'une future « civilisation des loisirs », tant il paraissait certain qu'une nouvelle société fondée sur le loisir viendrait relayer la société industrielle vieillissante fondée sur le travail. Le mythe a sérieusement souffert et nous sommes loin de la société d'abondance ou de la société postindustrielle qui libérerait définitivement l'homme pour qu'il se consacre à ses loisirs. Les raisons de ces erreurs de pronostic sont maintenant bien connues. Une croissance économique ralentie, une redistribution des richesses en direction des pays du Tiers Monde et tout spécialement des pays pétroliers, la multiplication des gaspillages, l'inaptitude d'un système économique à sortir d'une logique de la production pour la production qui détruit autant qu'elle crée.

Tous ces facteurs n'ont pas permis l'avènement d'une société postindustrielle qui aurait libéré l'homme de son travail.

Doit-on en conclure pour autant qu'aujourd'hui les loisirs ne peuvent provoquer la libération et l'épanouissement de l'individu que l'on attendait d'eux ?

Il semble au contraire que les loisirs jouent de plus en plus un rôle d'agent de la transformation sociale. Et qu'ils sont susceptibles de générer un nouveau modèle de société opposé au traditionnel modèle de croissance industrielle. Autrement dit, de plus en plus nombreux sont ceux qui estiment illusoire d'attendre du développement des forces productives l'avènement d'une nouvelle société, comme le pensent encore les économistes libéraux ou marxistes.

Il est par contre possible qu'un changement progressif de société soit déclenché par un mouvement social en faveur de la libération du temps et de l'extension des loisirs. Plusieurs indices vont dans ce sens et permettent de poser la question du loisir dans toute sa dimension.

Premièrement, il est vrai que la lente progression du temps libre favorise un certain rééquilibrage entre travail et loisirs et que ce mouvement est irréversible. Il est non moins vrai que l'utilisation « dynamique » du temps de loisir provoque une demande accrue de loisir. Les loisirs appellent les loisirs. On a d'ailleurs constaté que non seulement le budget loisir progressait plus rapidement que les autres budgets dans les dépenses des ménages, mais encore qu'en phase de stagnation ou de diminution du pouvoir d'achat le poste loisir restait stable ; les dépenses de loisir sont devenues incompressibles dans le budget des ménages. Du même coup, l'industrie des loisirs est une de celles qui se portent le mieux en France.

Un deuxième indice nous est fourni par l'arbitrage entre augmentation du salaire et augmentation du temps libre. Alors que traditionnellement les Français optaient pour l'augmentation de leur salaire plutôt que de leur temps libre, le mouvement s'est maintenant inversé. Selon un sondage effectué par la SOFRES en novembre 1978, 55 % des actifs français préféraient travailler moitié moins plutôt que doubler leur salaire. Les ouvriers se prononcent à 46 % en faveur de cette solution, 42 % préfèrent l'inverse. On peut raisonnablement penser que cette tendance se poursuivra avec l'augmentation du niveau de vie et se généralisera avec la réduction progressive des inégalités.

Troisièmement, et c'est peut-être là l'élément le plus important, certaines activités de loisir jouent un rôle social indispensable à la collectivité. On n'en finirait pas d'énumérer les associations dont les membres sont bénévoles, qui concourent au bien-être public (association d'entraide, de défense de l'environnement ou du consommateur, etc.). Ces associations viennent suppléer aux carences de l'Etat, de la collectivité publique ou de l'entreprise privée jugeant peu rentable un tel secteur d'activité. Par ailleurs certaines activités de loisir, menées individuellement ou dans le cadre d'associations, consistent à réaliser par soi-même ce que des entreprises spécialisées exécuteraient au prix fort (travaux de bricolage, de peinture, de réparation, etc.). C'est la fameuse vogue du *Do it yourself.*

On voit bien que des activités de loisir peuvent se substituer au secteur marchand sans pour cela prendre la forme d'un travail imposé. Peu à peu à côté du secteur marchand se dessine un secteur constitué par un réseau d'entraide, d'associations, de mutuelles où l'on vient « travailler à loisir » et exercer ses talents particuliers.

Ici la frontière entre travail et loisir devient floue. Mais pourquoi un travail ne deviendrait-il pas un loisir, s'il était organisé différemment ?

L'un des enjeux futurs de loisir est peut-être de se substituer progressivement au travail dans un système mixte, qui ne reposerait plus seulement sur le secteur capitaliste marchand.

Cette idée de substitution/réconciliation du travail avec le loisir, on la retrouve chez Marx, comme chez les socialistes utopistes (Fourier), elle n'en conserve pas moins toute sa modernité.

## Chapitre Premier

# LES CONCEPTIONS DU LOISIR

## I. — La genèse du loisir

A la première réflexion, on serait tenté de dire que le loisir a toujours existé, qu'il est de tous les temps, de tous les âges.

Ce jugement est partiellement exact. Toutes les sociétés ont connu le temps libre, dans certaines d'entre elles le temps libre était même bien supérieur à celui dont nous disposons actuellement. Mais peut-on pour autant assimiler ce temps libre à un temps de loisir tel que nous l'entendons de nos jours ? Non, car la conception du loisir a fortement évolué au cours des siècles en fonction des divers modèles d'organisation sociale, ce qui interdit tout amalgame, mais non les comparaisons.

**Les Grecs et l'oisiveté.** — On a toujours tendance à considérer la civilisation grecque comme un âge d'or. Le loisir ne fait pas exception et l'on désigne volontiers cette civilisation comme une de celles qui a le mieux permis l'accomplissement de l'homme dans le loisir. Les doctrines aristotéliciennes et platoniciennes ne définissaient-elles pas un prototype d'homme capable de s'épanouir librement dans la pratique volontaire de la philosophie, des arts ou des sports ?

Le citoyen grec menait une vie de loisir où rien ne comptait que la pleine expression de ses « nobles » virtualités. De travail il ne pouvait être question, puisqu'il était jugé dégradant et à ce titre réservé à la caste des esclaves. Toute forme de travail s'opposait à l'état de citoyen grec. Travail et loisir s'excluaient l'un l'autre, ils faisaient partie de deux ordres différents sans aucun rapport. Même si au bout du compte c'est bien le travail des uns qui permettait le loisir des autres.

Cette relation d'exclusion travail-loisir se retrouve dans l'étymologie : le loisir en grec se traduit par *scholé*, qui signifie tout à la fois loisir et instruction. On notera le rapprochement de ces deux notions que certains continuent d'associer étroitement, estimant que le développement des loisirs et le profit que l'on peut en tirer vont de pair avec l'élévation du niveau culturel. Cette connotation élitaire du loisir supposant un certain niveau d'instruction est encore très présente et sépare les loisirs valorisés socialement des autres. *A-scholé* définit le travail, l'état de servitude. On trouve également cette relation d'exclusion en latin, puisque *otium* (loisir, oisiveté) s'oppose à *neg-otium* (littéralement négoce, commerce, travail).

Le loisir tel qu'il était compris par les Grecs impliquait donc d'appartenir à une certaine caste (être citoyen grec et du sexe masculin) et de jouir de l'état d'oisiveté. C'est pourquoi il vaut mieux parler d'oisiveté que de loisir proprement dit. Le loisir tel que nous l'entendons actuellement n'exclut pas le travail, au contraire, travailler est une des conditions pour avoir des loisirs.

Comme le dit J. Dumazedier : « Le loisir n'est pas l'oisiveté, il ne supprime pas le travail, il le suppose. »

D'autre part, le loisir de nos jours n'est plus le privilège d'une minorité, d'une caste, voire même d'une classe, l'ensemble de la population y a droit même si de fortes inégalités subsistent.

**Dans les sociétés préindustrielles.** — On retrouve le même clivage entre une caste oisive qui dépense son temps à loisir et la grande masse des serfs voués au travail. Le temps libre dans ces sociétés ne peut se comparer au loisir moderne. Il résulte des aléas climatiques, de la mauvaise saison pendant laquelle le travail agricole est rendu impossible. Autrement dit ce temps « libre » est plutôt un temps contraint dans la mesure où l'inactivité est subie et non choisie. Cette inactivité forcée est plus vécue comme une malédiction que comme une source éventuelle de loisir. Les rares jours « fériés » sont imposés par l'Eglise, souvent contre la volonté des paysans. Que ces fêtes religieuses se transforment fréquemment en fêtes païennes, au cours desquelles les paysans donnent libre cours à une expression plus spontanée, ne permet pas pour autant de parler de loisir tel que nous l'entendons. Le caractère obligatoire de ces manifestations, leur ritualisation les soumettent à des normes qui excluent le libre arbitre de ceux qui y participent. L'institution est partout présente et veille au respect des jours de fête en fermant les yeux sur les écarts qu'ils peuvent occasionner. Il n'existe pas pour autant un temps homogène qui soit réservé aux loisirs.

**Le dix-neuvième siècle et la négation du loisir.** — Avec l'apparition des premières sociétés industrielles, la nature du travail va évoluer sans libérer pour autant un temps homogène pour le loisir. Le travail salarié dans les manufactures va peu à peu s'imposer, provoquant l'exode rural. Les conditions de vie vont s'en trouver transformées, du travail intermittent dans les campagnes, les paysans vont découvrir le travail permanent dans les villes. C'est dire que la pression du travail sur l'individu va s'accroître en ne lui laissant que le temps minimum pour la reconstitution de sa force de travail. Il ne faut pas en effet oublier que la législation sociale a été très longue à se mettre en place et que la réduction du temps de travail a été très progressive. Il faut attendre le 24 mars 1841 pour qu'une loi limite le travail des enfants de 12 à 16 ans à douze heures par jour et à huit heures pour les enfants au-dessous de 12 ans. Ce n'est qu'en 1884, avec la loi Waldeck-Rousseau, que les syndicats auront la liberté de se constituer et la limitation du travail à dix heures par jour n'interviendra que le 30 mars 1900.

Au niveau idéologique, le travail devient la valeur centrale du système social. Valeur sur laquelle se construit la nouvelle société qui voit l'ascension d'une classe bourgeoise qui fustige les oisifs, parasites de la société. Les économistes du XIX^e^ démontrent la nécessité de l'accumulation du travail pour créer le capital qui va permettre le décollage économique.

Cette idéologie du travail donne naissance à une véritable morale du travail, héritière du puritanisme protestant que l'on retrouve dans les écrits de Max Weber.

C'est la rigueur du travail qui s'impose comme devoir moral à l'individu pour son salut personnel comme pour le développement harmonieux de la société. Du même coup, le loisir est critiqué du double point de vue de l'économie et de la morale. Du point de vue économique, puisque le loisir est improductif et qu'au contraire il incite à la consommation : au XIX^e^ siècle, tout le système économique est orienté sur l'accumulation et donc sur l'épargne destinée à fortifier un capitalisme naissant. C'est une société *de production* où le loisir est réprouvé par opposition à la société *de consommation* que nous connaissons, où le loisir est encouragé car il peut être facteur d'expansion. Du point de vue moral, le loisir est également condamné car il prédispose à l'oisiveté et aux relâchements des mœurs générateurs de comportements déviants par rapport à une morale rigide du travail.

Même les premiers socialistes comme Saint-Simon condamnent le loisir et ont une vue très « économiste » de la société. Saint-Simon ne proscrit pas le loisir au nom de la morale mais au nom du rationalisme économique de la société capitaliste naissante. L'oisiveté est un crime contre la société et contre tous ceux qui la composent, à commencer par les ouvriers. Pour Saint-Simon, seul le développement des forces économiques productives a une chance de créer les bases d'une société égalitaire. Pour assurer ce développement, il faut soustraire la production à la consommation immédiate, cette épargne entraînera de nouveaux investissements productifs eux-mêmes générateurs d'une richesse suffisante pour qu'un partage équitable soit possible... un jour. C'est le socialisme de l'utopie.

Dans un esprit assez différent, le gendre de Marx, Paul Lafargue, écrit un livre resté célèbre par son titre : *Le droit à la paresse* (1884). Pour Lafargue le loisir est une catégorie bourgeoise. Il est réservé à cette nouvelle caste qui a détrôné l'aristocratie. Le loisir bourgeois est d'autant plus choquant qu'il contredit la morale puritaine du travail affichée par ces mêmes bourgeois, et qu'il repose sur le surtravail des prolétaires, donc sur leur exploitation. Lafargue reprend ici l'analyse de Marx sur la plus-value. Il oppose les mœurs oisives des bourgeois et leurs consommations dispendieuses au travail harassant des prolétaires.

Pour lutter contre ce loisir bourgeois, Lafargue exhorte les ouvriers à réduire d'eux-mêmes leur temps de travail, à revendiquer un droit à la paresse. Ainsi les bourgeois pour sauvegarder la rentabilité de leur capital seront également forcés de se mettre au travail. Ce que Lafargue revendique à l'instar de Babœuf un siècle plus tôt, c'est l'égalité devant le travail. Il s'agit moins ici d'un droit aux loisirs pour tous que d'une égalisation des conditions face au travail. On ne doit donc pas confondre le droit à la paresse avec un droit aux loisirs. La paresse ou l'autoréduction du temps de travail est une arme subversive destinée à combattre les inégalités sociales traduites par le loisir des uns et le surtravail des autres. Ce thème de la paresse n'est pas sans parenté avec celui de la grève générale défendu par les anarcho-syndicalistes.

Sous la plume de Marx lui-même, le mot loisir revient peu souvent. Le temps libre est juste le temps nécessaire à la reproduction de la force de travail. Et si les travailleurs obtiennent une réduction du temps de travail, ce temps libéré ne sert qu'à une reproduction élargie de la force de travail permettant une exploitation plus efficace du travailleur rendu plus productif à la suite du repos dont il a bénéficié. C'est dire que chez Marx le loisir n'est jamais analysé en tant que tel mais à partir du travail, concept central dans son œuvre. La conception de l'aliénation de l'homme par le travail chez Marx est telle que le temps de loisir ne peut échapper à cette aliénation et représenter un domaine particulier de son existence. C'est en fin de compte dans ses évocations d'une société communiste que Marx donne place aux loisirs. Une telle société permettrait la suppression du travail contraint, c'est-à-dire du travail exploité. Les activités humaines pourraient être alors qualifiées d'activité de loisir dans la mesure où elles résulteraient d'un libre choix de l'homme en fonction de ses besoins et désirs. Dans une telle hypothèse, travail et loisir seraient confondus.

Le premier ouvrage délibérément consacré au loisir est celui de Th. Veblen qui, en 1899, écrit : *La théorie de la classe de loisir*. L'intérêt majeur de l'analyse de Veblen est de montrer de quelle façon loisir et consommation sont liés. Pour Veblen, le loisir n'est plus un état dépendant de la naissance, la caste oisive des aristocrates a vécu. La classe bourgeoise, les nouveaux maîtres, malgré leur idéologie qui fait du travail la valeur centrale du nouveau système social, ne rêvent que d'une chose : ressembler et imiter les anciens aristocrates. C'est à travers le loisir qu'ils pensent y parvenir en donnant les gages de leur nouveau statut. Le loisir c'est d'abord une consommation de temps et les nouveaux bourgeois s'affichent en toutes occasions pour démontrer leur inactivité. Mais c'est surtout une consommation effrénée d'objets de luxe ou d'objets inutiles qui ne valent que par le prix qu'ils ont été payés. Le bourgeois ne consomme pas pour lui-même mais pour montrer aux yeux de tous ce que son nouveau statut lui permet d'obtenir. Veblen utilise à ce sujet l'expression « consommation ostentatoire ». Le loisir et la consommation ostentatoire qu'il entraîne sont un symbole de classe, un signe de distinction sociale. Il faut rapprocher ces consommations de loisir décrites par Veblen de la notion de *potlach* observé par les ethnologues dans les sociétés primitives. La surconsommation, le gaspillage aux yeux de tous est un signe de reconnaissance qui situe l'individu dans la hiérarchie sociale. Veblen étend son analyse aux activités de loisir comme la chasse ou le sport. Ces activités prennent du temps et sont surtout « inutiles », elles sont justement prisées parce que inutiles.

De l'étude de Veblen, on retiendra essentiellement deux aspects qui sont une bonne introduction au loisir actuel : le loisir peut être un symbole de classe, et l'on retrouve bien dans notre société moderne des activités de loisir qui symbolisent l'appartenance sociale. Il s'inscrit aussi dans le registre de la consommation, de la course aux équipements de loisir indispensable à un certain standing social. Le loisir se traduit par une consommation névrotique d'objets censés apporter de nouvelles satisfactions, alors qu'ils obéissent surtout à un souci de distinction sociale. Acheter le dernier modèle d'appareil photo en vogue ou la chaîne stéréo dernier cri n'est pas une simple affaire de satisfaction personnelle, le prestige que l'on en retire vis-à-vis des autres y entre pour beaucoup.

## II. — Les caractéristiques du loisir moderne

Trois caractéristiques essentielles définissent le loisir moderne. Une caractéristique matérielle : un temps disponible et homogène pour la pratique des loisirs ; une caractéristique sociale : la généralisation des loisirs à l'ensemble de la population ; une caractéristique institutionnelle : la prise en charge de certains loisirs par la collectivité publique.

**La croissance du temps libre.** — Pour que des activités de loisir aient pu se développer à l'échelle d'une nation, il a fallu qu'un temps suffisamment important soit dégagé des activités de production. Un temps suffisamment important pour ne pas être entièrement absorbé par la satisfaction des besoins physiologiques ou par diverses obligations, dont nous avons dit qu'elles représentaient un temps contraint. La deuxième condition du « décollage » des activités de loisir a été la possibilité de disposer d'un temps libre *homogène*. En effet, la libération d'une heure disponible pour le loisir chaque jour n'aurait pas suffi à assurer le développement des loisirs que nous connaissons. C'est la possibilité de disposer d'une journée entière, puis du week-end et enfin des congés de plusieurs semaines qui a suscité le véritable essor des loisirs. La moyenne du temps hebdomadaire de travail se situe en France autour des 40 heures. La journée de travail en France est la plus longue d'Europe, par contre le nombre de jours de congé est plus élevé en France que chez nos voisins.

La semaine de 5 jours est maintenant acquise, créant ainsi ce temps homogène dont les citadins profitent pour partir en week-end. Parfois, à la demande de leurs salariés, certaines entreprises ont institué la semaine de 4,5 ou de 4 jours pour allonger le week-end ; bien entendu dans la plupart des cas il ne s'agit pas d'une réduction nette du temps de travail puisque les salariés doivent effectuer un nombre d'heures supérieur sur les jours ouvrables ; il s'agit plutôt d'un répartition différente du temps, mais, facteur important, cette nouvelle répartition est décidée en fonction de l'organisation des loisirs et non en fonction des contraintes de la production. Ce renversement prouve la place grandissante des loisirs dans l'organisation sociale. Il est bien évident que la réduction du temps de travail a été beaucoup plus rapide aux Etats-Unis. C'est la semaine de 4 jours qui se généralise progressivement et la durée du travail dans certains secteurs est tombée à 30 heures hebdomadaires.

Incontestablement dans les pays industrialisés la tendance est à la réduction du temps de travail, d'autant que l'augmentation du chômage incite à une redistribution du travail au sein de la population active.

Le temps de travail actif sur toute une vie diminue encore plus nettement avec l'allongement de la scolarité, de la période de formation, et, à l'autre extrémité, l'abaissement de l'âge de la retraite.

Pourtant la réduction de temps de travail a été beaucoup moins rapide que prévu. Que de prophéties avaient été faites pour 1980, la semaine de 30 heures semblait probable, quant à l'an 2000, tous les rêves paraissaient permis. On est bien loin du compte. Après les accords Matignon de 1936 instituant les 40 heures, il faudra attendre 1982 pour que la durée légale du travail hebdomadaire soit réduite à 39 heures et tende progressivement vers les 35 heures. Par contre les congés payés sont passés de deux à quatre, puis cinq semaines. Parallèlement les week-ends prolongés, les « ponts » sont de mieux en mieux admis. Mais, globalement, la réduction du temps de travail est très progressive et ne correspond pas aux différents « scénarios » que l'on avait imaginés pour les années 80.

Comment expliquer ces erreurs de prévision et la croissance finalement modérée du temps de loisir ? Plusieurs facteurs entrent en ligne de compte et il suffira d'en énumérer les principaux : l'état des forces productives, la concurrence internationale, la force des syndicats.

Pour les futurologues des années 50-60, le développement des forces productives dû aux gains de productivité devait immanquablement permettre l'avènement d'une société postindustrielle substituant la machine au travail humain. Le corollaire d'une telle évolution étant l'extension du temps libre et l'émergence d'une civilisation des loisirs. Sur le plan des progrès de la productivité, les prévisions se sont révélées à peu près bonnes. Entre 1936 et 1978, la productivité a été multipliée par quatre. Autrement dit pour une production équivalente, il faut en 1978 quatre fois moins de temps qu'en 1936.

Comme le temps de travail n'a que faiblement diminué, les progrès de la productivité ont été presque exclusivement utilisés pour accroître la production et non le temps libre. Contrairement aux prévisions, la machine ne s'est pas substituée au travail humain. La nature du travail a évolué, les activités de production sont remplacées par des activités de contrôle et par le gonflement des activités tertiaires. Paradoxalement, dans la période actuelle, on redoute la substitution de la machine au travail humain, car on ne sait pas encore régler le problème du chômage par la réduction du temps de travail.

On n'imaginait pas non plus que pour maintenir son taux de croissance le système productif continuerait à créer de nouveaux besoins qui génèrent plus de travail que de bien-être. Le secteur marchand s'élargit sans cesse. Des fonctions assurées autrefois par l'individu lui-même font maintenant l'objet de services payants ; les spécialistes en tout genre pénètrent dans tous les domaines de la vie privée et font payer cher, c'est-à-dire par du travail, ce qui était autrefois assuré par l'individu lui-même ou par la collectivité. Le domaine du loisir est un bon exemple à cet égard. De plus en plus d'activités de loisir s'inscrivent dans l'univers marchand, que ce soit sous forme d'équipements ou de formules de vacances « tout compris ». L'autoreproduction du système capitaliste, c'est-à-dire l'incapacité à générer un nouveau système social, la création artificielle de nouveaux besoins dans la sphère privative expliquent en partie que les gains de productivité n'aient pas libéré l'homme comme prévu.

Le deuxième facteur important qui a entravé une réduction significative du temps de travail tient au contexte international. Le développement généralisé du commerce extérieur, l'interdépendance croissante des économies, la division internationale du travail ont imposé aux économies nationales d'être compétitives les unes par rapport aux autres, pour permettre la progression des niveaux de vie et sauvegarder l'indépendance nationale. Cette dépendance accrue à l'égard du commerce extérieur laisse peu d'autonomie à un pays pour décider de l'organisation des conditions de production. Pour être compétitifs, les coûts de production d'une économie ne doivent pas dépasser ceux des économies concurrentes. Une réduction significative de la durée du travail alourdirait inévitablement ces coûts de production et rendrait les produits moins concurrentiels à l'exportation. C'est pourquoi, dans le système actuel, il est difficile d'imaginer une réduction unilatérale du temps de travail dans un seul pays. Seuls les pays (comme les Etats-Unis) qui disposent d'une avance technologique et donc d'une productivité supérieure peuvent avoir des durées de travail inférieures.

La pression internationale et la concurrence au niveau mondial sont des facteurs non négligeables de la faible réduction de la durée du travail.

Troisième élément : la force des syndicats ; la plupart des conquêtes sociales n'auraient pas été possibles sans l'action syndicale relayée parfois par les partis politiques. La limitation de la durée du travail dépend de l'état des forces productives, mais aussi de la position plus ou moins forte des syndicats suivant la conjoncture. Si les syndicats ont toujours milité en faveur de la réduction du temps de travail, ils n'en ont pas toujours fait un thème prioritaire dans leurs revendications. En période de forte expansion, les syndicats se sont d'abord battus pour l'amélioration du pouvoir d'achat et pour la réduction des inégalités sociales. Dans un pays comme la France ou les inégalités restent fortes (la moitié la plus défavorisée de la population française ne touche que 20 % de l'ensemble des revenus, les 5 % les plus riches en touchent plus de 25 %), on a longtemps cru qu'une période d'expansion, n'incitant pas à la réduction du temps de travail, était propice au resserrement de la hiérarchie sociale. Il apparaît au contraire que c'est en phase de stagnation que se produit un certain rattrapage et que l'on consent plus volontiers à partager les sacrifices. C'est également durant cette phase que les objectifs qualitatifs reprennent le dessus avec en priorité la réduction du temps de travail.

Ainsi, contrairement aux prévisions une fois encore, les syndicats n'ont pas toujours jeté toutes leurs forces dans la lutte pour la réduction du temps de travail. Les syndicats comme les partis politiques ont bien dû tenir compte de l'état de l'opinion et des aspirations des travailleurs. Or jusqu'à une période très récente, les travailleurs dans leur majorité ont préféré une augmentation de revenu plutôt qu'une diminution du temps de travail. L'inversion de cette tendance incite maintenant les syndicats à mettre en avant le thème des 35 heures pour améliorer la qualité de la vie et lutter contre le chômage.

**La réduction du temps de travail.** — L'enjeu des 35 heures donne l'occasion d'une réflexion sur la réduction du temps de travail. La réduction à 35 heures hebdomadaires de la durée du travail paraît assez improbable si elle se produit de manière unilatérale en France. Elle est par contre possible si elle s'applique à l'ensemble des pays de la communauté européenne. En effet une réduction à l'échelon européen n'affecterait pas la compétitivité de ces pays, les uns par rapport aux autres.

En cas de réduction unilatérale en France, plusieurs hypothèses sont possibles. La première, toute théorique, est celle d'une réduction du temps de travail, entraînant une réduction proportionnelle du salaire. Solution théorique, car jamais les salariés ne consentiront à une baisse de leurs salaires réels. Deuxième hypothèse, réduction du temps de travail avec maintien du pouvoir d'achat. Certaines entreprises pourraient supporter ce coût supplémentaire, d'autres répercutant ce coût supplémentaire dans leurs prix seraient moins compétitives, ce qui provoquerait inéluctablement de nouvelles faillites. Ainsi, les emplois supplémentaires créés par la réduction du temps de travail risqueraient-ils d'être « compensés » par un nouveau chômage résultant des entreprises contraintes de fermer. La troisième hypothèse est constituée par toutes les solutions intermédiaires entre les deux hypothèses précédemment évoquées. Une solution possible est celle du maintien du pouvoir d'achat pour les salaires les plus faibles seulement ; ainsi le temps libre serait-il augmenté pour tout le monde en resserrant l'éventail des salaires. Dans une optique similaire, il est possible de préconiser une application différentielle des 35 heures suivant le secteur d'activité ou même l'entreprise. Seules les entreprises pouvant le supporter seraient contraintes à respecter les 35 heures. Une telle décision susciterait des inégalités insupportables car ce sont essentiellement les entreprises ayant peu de main-d'œuvre ou les entreprises en très bonne santé, dans lesquelles les conditions de travail sont déjà les meilleures, qui seraient assujetties à une telle loi. Une dernière solution consisterait à réduire les charges sociales des entreprises employant une nombreuse main-d'œuvre. La réduction à 35 heures leur permettrait, sans accroître leurs coûts, de procéder à de nouvelles embauches. Ceci supposerait une nouvelle répartition des charges sociales, dont l'assiette ne serait plus seulement basée sur le nombre d'employés mais aussi sur la productivité, la rentabilité et autres critères qui restent à définir. Enfin, il est important de savoir que la réduction de la durée du travail entraîne une perte de production moins que proportionnelle à la réduction de cette durée. On a en effet constaté qu'une réduction des horaires de travail favorisait un accroissement du rendement individuel ; un temps de travail plus ramassé, de meilleures conditions de travail, des activités de loisir plus riches peuvent avoir des influences bénéfiques sur le travail. La productivité s'améliore également car la réduction des horaires oblige l'entreprise à repenser son processus de production, à le rationaliser, à sortir des habitudes et routines qui freinent son développement et sa modernisation. Enfin on constate une nette diminution de l'absentéisme, des accidents du travail et du *turn over*. A partir de ces diverses observations, on a estimé que la réduction du temps de travail ne réduisait la production qu'à concurrence de 40 % sur les heures non travaillées.

Telles sont les données d'un problème complexe dès lors que l'on dépasse le simple slogan pour en étudier les modalités pratiques et les conséquences réelles. Les solutions en apparence techniques ne doivent pas cacher le choix fondamental : gagner plus en travaillant autant ou travailler moins sans augmentation du pouvoir d'achat.

Il est désormais certain, sans pouvoir en fixer le calendrier, que, tôt ou tard, la semaine de 35 heures sera adoptée. Ce temps, ainsi libéré, permettra un développement encore plus significatif des pratiques de loisir.

Si l'extension du temps libre est une condition nécessaire au développement du loisir moderne, la généralisation des loisirs à l'ensemble de la population est encore plus fondamentale. Malgré l'augmentation du temps libre, le loisir n'aurait pas un si fort impact s'il n'avait pas pénétré toutes les couches de la population. Le loisir n'est plus comme autrefois le privilège d'une aristocratie ou d'une bourgeoisie. S'il est vrai que l'on peut opposer certains loisirs « élitaires » qui sont l'apanage d'une minorité à des loisirs « populaires » vécus par la majorité, le loisir sous une forme ou sous une autre touche l'ensemble de la société. Ce qui signifie que chacun a des loisirs, a ses loisirs. Le temps libre n'est plus un temps creux, c'est un temps dynamique dont on cherche à tirer le maximum de profit. A côté de la vie de travail s'installe une seconde vie plus courte quantitativement, mais souvent plus riche qualitativement. Le phénomène de double vie, très net aux Etats-Unis, est également perceptible en France. On supporte la vie de travail dans l'attente et la perspective du temps de loisir. Jamais opposition n'a été plus tranchée. Le week-end correspond à un changement complet de « décor », de mentalité, une autre vie est là. C'est souligner ici toute la différence entre le temps libre et le loisir. L'accession généralisée aux loisirs a révolutionné le temps libre. Elle s'est traduite de multiples façons. Par exemple, l'accès à la voiture individuelle. On ne peut comprendre l'attachement du Français à sa voiture sans se référer aux possibilités de loisir qu'elle symbolise. Dans plus de 60 % des cas, la voiture est utilisée à des fins de loisir. La possibilité d'évasion et de rupture physique avec le milieu environnant est considérée comme une source appréciable de loisir. On peut regretter que trop souvent la voiture fasse l'objet d'un culte et soit perçue comme un loisir en soi et non comme un moyen. Il n'en demeure pas moins qu'avant d'être un instrument d'aliénation, la voiture symbolise une possibilité de libération et de loisir. D'ailleurs, les activités de loisir sont fréquemment associées à l'idée de déplacement et même de voyage. Ceci ne se manifeste pas simplement par l'exode des citadins auquel on peut assister chaque week-end, mais aussi au travers du développement du tourisme pendant les vacances. Dès l'apparition d'un temps libre suffisamment homogène, de nombreuses associations se sont créées pour permettre aux plus défavorisés d'avoir l'accès au voyage. C'est toute l'œuvre du tourisme social qui se poursuit de nos jours.

Une autre forme de loisir très vite populaire s'est imposée : la télévision. Le taux d'équipement des ménages en récepteurs de télévision dépasse 90 %. La télévision se place en numéro un parmi les activités de loisir des Français. Son prix d'achat est accessible à tous, sa diffusion est quotidienne et elle est censée s'adresser à tous par la diversité de ses programmes. Comme pour la voiture, il faut bien avoir à l'esprit la petite révolution que constitue la télévision dans l'accès généralisé aux loisirs. C'est d'ailleurs plus l'instrument qu'il convient de juger présentement que son contenu. Réunir des millions et des millions de personnes dans la participation à un même loisir indique non seulement le pouvoir qu'exerce la télévision, mais aussi la place fondamentale du temps de loisir dans la vie sociale. On peut juger excessif l'impérialisme de la télévision ou de la voiture dans les loisirs des Français, elles restent les symboles de l'accès généralisé à la vie de loisir. La généralisation ou, si l'on préfère, la démocratisation des pratiques de loisir est bien une caractéristique essentielle du loisir moderne qui le différencie du loisir tel qu'il était entendu autrefois.

La troisième caractéristique du loisir moderne réside dans sa reconnaissance institutionnelle. Quand les loisirs ne concernaient qu'une minorité privilégiée de la population, celle-ci s'arrangeait elle-même pour organiser ses propres loisirs. C'est ainsi que furent fondés, par libre association, les deux premiers clubs sportifs parisiens bien connus : le Stade français et le Racing-Club de France. Deux clubs qui gardent des traces profondes de leur naissance aristocratique. La généralisation du loisir n'aurait pas été possible sans la reconnaissance institutionnelle par l'Etat d'un droit aux loisirs. Non seulement par la limitation du temps de travail mais par la création d'organismes chargés d'impulser et d'aider les initiatives en faveur du loisir. 1936 marque l'acte de naissance d'une politique coordonnée en matière de loisir. Pour la première fois, un secrétariat d'Etat chargé des Sports et des Loisirs voit le jour. Depuis, les aides au développement du loisir proviennent de départements ministériels divers : ministère de la Culture, de la Santé, de l'Agriculture, de la Jeunesse, des Sports et des Loisirs. Les aides au développement du loisir sont multiples, il s'agit aussi bien de subventionner la création d'un foyer rural polyvalent que de participer au financement de complexes sportifs ultra-modernes. Subventions également pour les réserves foncières destinées à devenir des zones récréatives, comme les bases de plein air et de loisirs. L'aménagement des zones privilégiées comme les parcs naturels protégés entre également dans les actions de l'Etat. Mais l'Etat n'est pas le seul à intervenir à un niveau institutionnel dans le développement des pratiques de loisir. Les comités d'entreprise disposent souvent de fonds pour faciliter les pratiques de loisir à proximité de l'entreprise ou pour aider certaines catégories de leur personnel à partir en vacances à des conditions avantageuses. Enfin les municipalités interviennent directement dans la réalisation d'équipements de loisir, culturels ou sportifs. Assurer le développement de la fonction loisir dans une ville est devenu tout aussi important que d'assurer la fonction santé ou la fonction éducation. Chaque habitant, et toutes les catégories d'âge sont concernées, s'attend à trouver à proximité de chez lui les structures nécessaires à la pratique de ses loisirs préférés. Le loisir est bien devenu une fonction sociale prioritaire comme le démontre son institutionnalisation par les différentes collectivités publiques concernées.

Cette institutionnalisation du loisir fait l'objet de deux critiques de sens contraire. Pour certains, l'institution représente la prise en charge du citoyen qui reste un « administré » dans ses loisirs comme dans les autres sphères de la vie sociale. L'institution serait donc une ingérence dans la vie privée qui normaliserait les pratiques de loisir en les standardisant. L'organisation des loisirs ressemblerait à une prédigestion des loisirs pensés à l'avance pour chacun. Ce qui va à l'encontre de l'expression du libre choix de chaque individu et de la personnalisation des activités de loisir. Cette critique montre qu'il y a bien un danger d' « administration » des loisirs qu'il ne faut pas sous-estimer. Mais, d'un autre côté, la mise en place d'institutions, de structures publiques a permis l'accès aux loisirs d'une part plus importante de la population. De nombreux loisirs supposent une organisation collective et les associations seules n'auraient pu organiser des loisirs nécessitant une forte infrastructure. D'autres font valoir que les équipements publics, tout spécialement dans le domaine culturel (Maisons de la Culture, Centres culturels, etc.), n'ont pas réussi à atteindre le grand public. Certains loisirs ne touchent qu'une minorité d'intéressés malgré les actions de soutien provenant du secteur public. La généralisation des loisirs n'a pas englobé l'ensemble des activités de loisir dont certaines, comme les loisirs culturels, ne se sont nullement démocratisées.

Ces inégalités face aux loisirs reproduisent les inégalités sociales que l'on constate dans les autres sphères de la vie sociale. Le loisir n'est pas une sphère autonome indépendante des autres qui situerait par un coup de baguette magique les individus sur un pied d'égalité. La place dans la « hiérarchie » sociale et surtout le genre de travail exécuté chaque jour conditionnent étroitement les choix en matière de loisir.

## III. — La relation travail-loisir

**L'influence du travail sur le loisir.** — L'extension du temps de loisir a laissé penser à d'éminents sociologues comme G. Friedman que les loisirs susciteraient une véritable libération de l'homme par rapport à son travail. D'une part la pénibilité du travail devait s'en trouver réduite grâce à un temps de repos et de récupération plus long. D'autre part les loisirs devaient agir comme une compensation face au travail éprouvant. Par compensation, on entendait la possibilité de retrouver un équilibre physique et nerveux compromis par la vie de travail. On pensait également que le temps de loisir permettrait de remédier à la véritable déstructuration de la personnalité engendrée par l'uniformisation du processus de production industriel.

Dans son livre bien connu *Le travail en miettes*, Friedman montre de quelle façon la réduction du travail humain à une fonction unique et parcellaire inspirée du taylorisme est la source de troubles de la personnalité.

Les activités de loisir devaient permettre à l'homme de se retrouver lui-même et d'exprimer des virtualités réprimées dans la vie de travail. Tout ce que le travail interdisait à l'homme, le loisir devait le lui permettre. Ce que le travailleur ne trouvait pas dans son travail, ses loisirs le lui procureraient. On avait observé, par exemple, que de nombreux travailleurs se livraient au bricolage durant leur temps de loisir. Ce type de loisir qui s'apparente à n'importe quelle forme de travail s'en différencie cependant, dans la mesure où il est créatif et qu'il restitue à l'individu la maîtrise du processus de production d'un objet. Certains ont cru y voir la preuve qu'une activité de loisir pouvait compenser un travail aliénant dans lequel le travailleur ne peut investir aucune part de créativité et dont il ne maîtrise pas le processus de réalisation dans son ensemble. Il y a certes là une part de vérité qui se vérifie par le prodigieux développement des activités de bricolage. Signe manifeste du désir d'un travail concret, imaginatif et personnalisé. De proche en proche, on avait espéré que des activités de loisir variées viendraient compléter ces ébauches de loisir créatif et favoriseraient l'épanouissement de la personnalité humaine opprimée par la vie de travail. Cette hypothèse semblait d'autant plus crédible que l'on imaginait, rappelons-le, que le temps de travail décroîtrait beaucoup plus rapidement, libérant ainsi un temps plus substantiel pour les activités de loisir. Cette hypothèse supposait surtout que le temps de loisir ne subirait pas trop les effets négatifs du travail. Que loisir et travail pourraient être deux mondes distincts, que le temps de loisir permettrait de s'abstraire de l'influence du travail et préparer les conditions d'une vie plus enrichissante. Cette vision assez idéaliste contient une part de vérité tant il est vrai que par bien des aspects le loisir joue un rôle compensateur qui permet de mieux supporter les vicissitudes d'une vie de travail. Cependant l'évolution de la société industrialisée a largement tempéré cet optimisme des années 50-60. Il est apparu, à l'épreuve des faits, que le travail conditionnait très fortement les pratiques de loisir et que ces dernières compensaient partiellement seulement les insatisfactions d'une vie de travail. D'une part le rééquilibrage temps de travail / temps de loisir ne s'est pas fait. Le travail reste la clé de voûte du système social tant par l'énergie qu'il réclame que par la valeur dominante qu'il continue de représenter.

D'autre part, l'évolution des formes de travail n'a pas rendu celui-ci plus attractif, ni plus humain, au contraire. Dans le secteur industriel la pénibilité nerveuse de certains travaux a succédé à la pénibilité physique. Malgré des expériences pourtant concluantes entreprises dans les pays scandinaves notamment, le travail à la chaîne, robotisé et standardisé, reste la règle. « L'enrichissement des tâches » demeure un slogan sans prise sur la réalité. La substitution de la machine au travail humain a segmenté et uniformisé un peu plus les tâches. De nombreuses professions se sont trouvées déqualifiées. Le secteur tertiaire épargné jusqu'à présent par la mécanisation va subir de plein fouet la révolution informatique, dont la bureautique est une application directe. Là encore, l'intervention proprement humaine sera de plus en plus limitée, transformant des salariés jusqu'ici privilégiés en simples exécutants au service d'une petite minorité de concepteurs.

Cette évolution de la nature du travail n'est pas sans conséquence sur les conduites de loisir. L'absence de responsabilités et d'initiatives, la fatigue nerveuse rejaillissent sur les activités de loisir. La fatigue, ce mal du siècle, la morosité sont des mots qui font partie du vocabulaire quotidien ; ils traduisent non seulement le désintérêt pour le travail, mais aussi la difficulté à trouver une compensation du côté des loisirs.

Comment prendre en charge son temps libre, organiser et personnaliser ses loisirs, après un travail dont on dit volontiers qu'il est « castrateur » et qu'il interdit toute réalisation personnelle. On ne peut recréer en un temps limité de loisir ce qui a été défait toute une vie durant. C'est pourquoi l'on constate face aux loisirs de si nombreuses attitudes de passivité. Le peu d'investissement dans la vie de travail entraîne une attitude de retrait global dans les autres sphères de la vie sociale. Le temps de loisir est plus souvent synonyme de repos et de repli sur soi que de récréation à travers des loisirs actifs réclamant une initiative personnelle. La place de la télévision dans les activités de loisir des Français en est une illustration. Les loisirs pré-organisés ont la faveur d'un public qui ne maîtrise pas plus son temps de loisir que son temps de travail. Le succès des formules de loisir « Tout compris » en témoigne. Ce phénomène est encouragé par l'« industrialisation » des loisirs. Le loisir est devenu un produit de la société industrielle, il est à la fois un temps disponible et un objet de consommation. Il se vend et il s'achète. Il est entré dans le système de consommation qu'il contribue à développer puisque le temps disponible pour la consommation tend à s'accroître. Loisir et consommation sont étroitement liés. Cependant toute critique à cet égard se doit d'être nuancée. L'industrialisation des loisirs comme de n'importe quel produit a permis une diffusion des loisirs qui n'aurait pas été possible autrement. Que ce soit l'industrie du disque, du livre ou des articles de sport, ces divers articles de loisir sont devenus accessibles à tous grâce au processus d'industrialisation. Le commercial côtoie le culturel comme l'ensemble des loisirs. La commercialisation à grande échelle des loisirs, qui a été une condition de démocratisation des pratiques de loisir, a également suscité une certaine standardisation des loisirs. C'est pourquoi on parle volontiers de culture de masse, de loisirs de masse qui imposent un modèle de comportement laissant peu de place à l'expression personnelle.

Ainsi d'un côté les loisirs se sont démocratisés,

de l'autre ils se sont standardisés et uniformisés. La véritable question est de savoir si cette standardisation des loisirs correspond à une étape intermédiaire dans le développement social qui engendrera à terme des possibilités de réalisation plus personnelle durant le temps de loisir, ou si, au contraire, cette standardisation va s'accentuer, conditionnant toujours plus l'individu dans ses loisirs comme il l'est dans son travail. Il n'est pas facile de porter un diagnostic. De nombreux observateurs du monde social ont un jugement pessimiste. Ils estiment que le temps de loisir est soumis à l'impératif de la consommation pour la consommation. Que l'on se réfugie dans l'acte de consommation ou d'acquisition pour éviter d'avoir à imaginer soi-même des activités de loisir personnalisées. Que de plus en plus le secteur marchand s'introduit dans toutes les activités de loisir. On cite souvent en exemple la commercialisation des relations affectives ; de nombreuses officines, agences matrimoniales ou autres, vendent maintenant des relations. Il est à craindre que l'extension du secteur marchand à l'ensemble des activités de loisir renforce encore un modèle stéréotypé de comportement social. De plus cette pénétration accrue du secteur marchand perpétue un système fondé sur le travail et la spécialisation. C'est ainsi qu'apparaissent les spécialistes du loisir, les consultants en tous genres. Parallèlement, il faut toujours fournir la même quantité de travail pour pouvoir se payer les services de ces « spécialistes en loisir ». Le loisir-consommation entretient un système productiviste dans lequel la durée du travail ne peut guère diminuer, d'où la contradiction entre le désir d'un temps de loisir supérieur et la nécessité de fournir un temps de travail égal pour « se payer » ses loisirs.

Ceci explique qu'il faille être prudent en évoquant le rôle compensateur du loisir par rapport au travail. Car, contrairement à ce que l'on avait espéré, l'influence d'un travail uniformisé et sans responsabilité est grande sur les activités de loisir. Deuxièmement, le système productiviste encourage un modèle de consommation standardisé des loisirs qui devraient au contraire être l'occasion d'une réalisation personnelle.

L'influence du travail sur le loisir ne s'arrête pas là. Les clivages socioprofessionnels se retrouvent également dans les activités de loisir. Le loisir ne compense pas plus ici qu'ailleurs les inégalités engendrées par la division du travail. Malgré l'uniformisation relative des loisirs, les clivages sociaux demeurent et se reproduisent dans la sphère du loisir comme dans les autres sphères de la vie sociale. Inégalités de moyens bien sûr, puisque la part budgétaire consacrée aux loisirs est beaucoup plus élevée dans les couches supérieures de la nation.

On estime que les cadres supérieurs dépensent en moyenne 30 % de leurs revenus pour leurs loisirs contre 22 % pour les ouvriers et 19 % pour les salariés agricoles. En valeur absolue, la différence est évidemment plus nette, les dépenses destinées aux loisirs étant quatre à cinq fois plus élevées chez les cadres supérieurs.

Inégalités culturelles aussi. De nombreuses pratiques de loisir présupposent un certain niveau culturel pour y participer. L'ensemble des loisirs qualifiés de culturels font ressortir de fortes distorsions entre catégories sociales, que ce soit par exemple dans la participation aux spectacles (théâtre, cinéma, concerts, etc.) ou dans la lecture (nombre de livres lus par an, la lecture de la presse, etc.). Il existe ce que les spécialistes appellent un « obstacle culturel », indépendant des ressources financières, qui détourne des loisirs culturels une part importante de la population, à vrai dire, sa très grande majorité. Hormis quelques cas isolés, les tentatives de démocratisation des loisirs culturels n'ont pas produit les résultats escomptés. La décentralisation et la démocratisation culturelle, dont un levier devait être la création de Maisons de la Culture due à l'initiative d'André Malraux, n'ont touché qu'un public restreint dont les couches populaires sont exclues. L'obstacle culturel dû au manque de formation initiale demeure. Les loisirs culturels ne représentent pas cette « seconde chance » que l'on s'était complu à imaginer pour les déshérités de la culture. De même que l'école profite avant tout aux « héritiers » évoluant dans un contexte socioculturel favorable, les loisirs culturels s'adressent à la partie qui est déjà la plus cultivée de la société. Loin de réduire les inégalités culturelles, les loisirs culturels les reproduisent.

Inégalités dans la capacité d'initiative enfin. Les loisirs culturels ne sont pas les seuls à être discriminants. La plupart des loisirs actifs supposant une certaine initiative sont plutôt pratiqués par les individus appartenant aux catégories socioprofessionnelles supérieures. Ainsi en va-t-il de la pratique des sports ou des loisirs fondés sur les relations sociales (participation aux associations, clubs, etc.). Là encore, les différences des revenus ne suffisent pas à expliquer l'inégalité de participation à ces divers loisirs. La nature de la profession exercée paraît avoir une importance autrement plus déterminante. On constate que ceux qui assument des fonctions de responsabilité réclamant initiative et engagement personnel sont beaucoup plus tournés vers des loisirs actifs voire créatifs. Il y a donc une certaine transposition des qualités que l'on peut développer dans son travail dans la sphère des loisirs. À travail enrichissant, loisirs enrichissants. Des expériences ont montré que certaines modifications dans la conception du travail pouvaient avoir des répercussions bénéfiques sur la pratique des loisirs. C'est le cas de l'aménagement du temps de travail. L'instauration des horaires variables dans certaines entreprises a incité les salariés à mieux concevoir l'organisation de leur temps de travail et en conséquence leur temps de loisir. La possibilité pour le salarié de choisir, dans certaines limites, à quel moment travailler lui a permis de tirer un meilleur profit de son temps de loisir. C'est la liberté de choix et le sentiment de responsabilité personnelle qui sont la meilleure propédeutique à une prise en charge active des loisirs. Semblable analyse peut être faite dans les entreprises qui ont « cassé » la chaîne de production pour lui substituer des ateliers autonomes dans lesquels les travailleurs sont responsables d'une partie du processus de production.

On peut à grands traits définir les pratiques de loisir à partir du type d'emploi exercé. A une extrémité de la hiérarchie sociale se trouvent les dirigeants d'entreprise, les cadres « très » supérieurs, les professions libérales. Paradoxalement ceux qui occupent ces fonctions ont un temps de loisir assez réduit en général par rapport à la moyenne. Un travail absorbant demandant un fort investissement personnel ne laisse guère de temps pour les loisirs. Mais un tel travail résulte pour une part du libre choix. La distinction entre travail et loisir n'est pas ici très nette. Dans certaines fonctions professionnelles, loisir et travail se confondent ; repas d'affaire ou séminaires d'information mêlent étroitement travail et loisir. C'est évidemment un grand privilège de pouvoir allier le travail au loisir, privilège que ne reconnaissent pas toujours ceux qui affichent avec ostentation leurs journées de travail de plus de dix heures. On observe encore plus nettement dans la société américaine ce contraste entre une petite minorité de managers qui passent leur vie (et leur loisir) au travail et la grande masse des salariés qui ont des journées de travail de moins en moins longues. Cette tendance qui s'affirme également dans la société française est à mettre en parallèle avec l'évolution des formes de travail ; évolution qui conduit à réserver le travail de conception et de création à une petite minorité de spécialistes passionnés par leur travail, et le travail d'exécution, déqualifié par l'extension de l'automation, que se partagent la quasi-totalité des salariés.

Au milieu de la pyramide que représente le monde du travail se situent les cadres moyens, ingénieurs et certaines catégories d'employés. C'est-à-dire les classes moyennes. Celles-ci forment les gros bataillons du loisir moderne. Ce sont elles qui ont à la fois le temps, les moyens et les prédispositions pour pratiquer de nombreux loisirs. Les loisirs, au sens où nous l'entendons, s'adressent principalement aux classes moyennes. Le gonflement de ces classes moyennes par l'effet de resserrement de la hiérarchie sociale laisse penser que, à l'instar d'autres pays européens (comme les pays scandinaves), les pratiques de loisir vont se développer rapidement en France. Les dispositifs d'action publique en faveur des loisirs culturels profitent essentiellement à ces couches moyennes. Ce sont également les premières utilisatrices des équipements sportifs et de plein air.

En revanche, les couches plus populaires sont les grandes exclues du loisir. Les actions publiques pour démocratiser la pratique des loisirs actifs, culturels ou non, ont échoué. Le temps de loisir reste pour beaucoup vécu comme un temps de récupération et de repos et rarement comme la possibilité d'un développement et d'un épanouissement de la personnalité atrophiée par une dure vie de travail.

Pour d'autres, le temps libre ne signifie ni le repos ni le loisir actif mais l'occasion de faire des heures supplémentaires ou de se livrer à un second travail. Il s'agit le plus souvent d'un travail noir dont la motivation apparente est pécuniaire. Il est par définition difficile d'évaluer le pourcentage d'ouvriers ou d'artisans se livrant à un second travail. Diverses enquêtes permettent d'avancer un pourcentage qui approcherait les 20 à 25 %. La période actuelle de chômage massif et de réduction des horaires normaux augmente considérablement ce pourcentage. Si incontestablement le désir « d'arrondir ses fins de mois » est une raison importante du travail noir, elle n'est pas la seule. La peur de se retrouver devant un temps inoccupé, la peur du vide, le vertige du temps libre jouent également un rôle non négligeable. Tout se passe comme si le travail était la seule finalité de l'existence interdisant de concevoir l'organisation de loisirs récréatifs. Bien entendu certains de ces travaux secondaires sont vécus sur le mode de loisir et apportent la satisfaction d'un travail maîtrisé qui permet de mettre en valeur des qualités inexploitées dans le travail principal. Cependant ce deuxième travail réduit singulièrement les possibilités de loisir et d'expression plus entière de l'individu. De manière générale, la pratique des loisirs est assez limitée dans les couches les plus populaires de la société. Une partie des loisirs est pratiquée sur le lieu même de l'entreprise. Certains comités d'entreprise mettent à la disposition des travailleurs des installations sportives ou récréatives comme des salles de jeux, bibliothèques, etc. Cette action est très importante car elle a souvent une influence qui se poursuit au-delà du milieu de travail et constitue ainsi une sorte de préparation aux loisirs.

C'est en fin de compte les loisirs en milieu familial qui représentent l'essentiel des loisirs ; la famille symbolise le repli sur un monde affectif qui protège des agressions extérieures, et le retrait par rapport à une société dont on perçoit mal les possibilités de loisir qu'elle peut offrir. Cependant, la généralisation du week-end et l'accession à la voiture individuelle ont favorisé le développement des loisirs de plein air comme la promenade, la pêche ou la chasse.

Ainsi l'activité professionnelle qui conditionne en grande partie la place de chacun dans la structure sociale explique-t-elle les grandes différences dans la manière de remplir son temps de loisir. Au-delà des clivages sociaux, on peut établir une typologie simplifiée des conduites de loisir à partir de l'influence du travail.

Premier cas évoqué, celui où travail et loisir se distinguent difficilement et se confondent parfois. On peut alors parler d'une relation *d'extension* du travail sur le loisir. Exemple type : celui du professeur qui passe une partie de ses loisirs à lire, lectures qui serviront ultérieurement à compléter son enseignement ; ou encore celui du dirigeant d'entreprise qui invite ses clients à passer des vacances chez lui.

Deuxième cas opposé au précédent, le travail n'interfère pas directement sur les pratiques du loisir. Travail et loisir sont appréhendés comme deux mondes distincts, sans rapport l'un avec l'autre. Il s'agit là plutôt d'une relation de *neutralité apparente* entre travail et loisir. C'est le cas de la majorité des salariés qui s'adonnent à des activités de loisir indépendantes de leur activité professionnelle.

Troisième cas, travail et loisir ne sont plus seulement dissociés, ils s'opposent. Cette relation *d'opposition* consiste à choisir des activités de loisir qui sont aux antipodes de la vie professionnelle. A l'hyperactivité durant le temps de travail succède l'inactivité totale durant ses loisirs par exemple.

L'influence du travail sur le loisir n'agit cependant pas de manière mécanique. Un certain type de travail n'engendre pas automatiquement un comportement de loisir que l'on pourrait définir à l'avance. D'autres variables influent sur ce comportement dont les plus importantes sont : le niveau d'instruction, l'âge, le lieu de résidence. Le niveau d'instruction, dont dépend bien sûr en partie le statut professionnel, est un critère aussi significatif que la profession. Dans une vaste enquête menée dans la ville d'Annecy, J. Dumazedier montre que le niveau d'instruction explique des comportements de loisir que la seule profession ne pourrait justifier. Ainsi, comme dans bien d'autres domaines, l'éducation, la formation initiale orientent profondément les choix en matière de loisir. Ceci tend à devenir encore plus vrai de nos jours avec la place grandissante réservée aux activités de loisir à l'école. C'est à l'école que l'enfant peut prendre goût au sport. C'est par l'intermédiaire des activités d'éveil ou du tiers temps pédagogique que l'enfant peut se familiariser avec les disciplines artistiques, prendre plaisir à la découverte de la nature et chercher à développer l'ensemble de ses facultés mentales et physiques. C'est aussi à l'école que l'enfant pourrait apprendre à gérer son temps libre, à s'organiser lui-même en fonction d'un horaire imposé et d'un horaire plus libre ou prédomineraient les activités optionnelles. Là encore la liberté d'initiative est fondamentale pour que le futur adulte apprenne à s'épanouir au sein d'activités librement choisies. Comment ne pas voir que l'école doit aussi préparer l'enfant à vivre une vie dont la réussite dépendra autant de la qualité des loisirs et du degré d'implication personnel que d'un travail fatalement contraignant ? Ce n'est pas un hasard si, dans la langue grecque, le mot loisir signifie également éducation. Il y a des apprentissages que l'on accepte étant jeune. Plus âgé, alors même que de nombreuses opportunités sont offertes pour débuter dans un sport, pour jouer d'un instrument de musique, on ne tente plus l'expérience, on n'ose plus jouer les débutants, les habitudes l'emportent et l'âge devient un bon prétexte. L'âge est bien sûr une variable capitale et l'on entend souvent parler des loisirs des jeunes. Il semble néanmoins que cette variable soit moins déterminante dans les comportements de loisir que le milieu socioprofessionnel dont l'individu est issu. Toutefois certains loisirs sont plus caractéristiques de la jeunesse. Tout d'abord, les jeunes, qui ne sont pas encore entrés dans la vie professionnelle, disposent d'un temps de loisir bien supérieur à leurs aînés. Deuxièmement, leurs loisirs ne sont pas absorbés par la vie familiale. Vie familiale qui est souvent source de loisir mais aussi d'obligations. En conséquence, la valeur loisir est beaucoup plus importante chez les jeunes, ce qui n'est pas sans influence sur le traditionnel « conflit des générations ». Le refus d'abandonner une vie riche en possibilités de loisir, la difficulté à trouver un travail intéressant, voire un travail tout simplement, est une base d'explication à la révolte des jeunes face au modèle proposé par leurs aînés. Le durcissement de ce conflit tient au contraste de plus en plus évident entre des possibilités de loisir qui se multiplient rapidement (exemple : les nombreuses opportunités de voyages à un coût raisonnable) et la dévalorisation d'un travail standardisé. Contrairement à leurs aînés, les activités relationnelles ou de socialisation figurent au premier rang dans le loisir des jeunes. Se rencontrer, discuter entre amis, constitue la base des loisirs des jeunes. La quête amoureuse, la danse complètent ces activités de socialisation qui sont plus spécifiques à la jeunesse. La pratique des sports est aussi plus intensive chez les jeunes. L'engouement récent pour les sports individuels comme la moto ou la planche à roulettes démontre que les jeunes cherchent à s'affirmer dans les loisirs sportifs pour peu qu'on leur en donne les moyens. Pourtant, si certains loisirs sont plus spécifiques aux jeunes, il semble impropre de parler de comportements de loisir qui soient exclusifs à la jeunesse. La pénétration des valeurs du loisir est sans doute mieux symbolisée par les jeunes mais elle atteint également l'ensemble des générations. A la limite, la situation familiale d'un individu est plus explicative que son âge dans son comportement de loisir. Les jeunes sont de moins en moins assujettis à l'autorité familiale. L'accélération des changements dans le domaine technique impose une adaptation rapide des mentalités. La famille ne peut plus à elle seule donner au jeune toutes les armes dont il aura besoin pour s'insérer dans le monde de demain. Le milieu des copains joue maintenant un rôle aussi important dans l'éducation du jeune. Du même coup c'est le jeune qui à son tour exerce un rôle éducatif vis-à-vis de ses parents et particulièrement dans le domaine des loisirs. Combien de parents ont été entraînés à se remettre à la pratique d'un sport, à acheter une moto sous l'influence de leurs enfants ? La vie dans le mariage se combine avec l'entrée dans la vie professionnelle pour transformer assez radicalement le comportement de loisir. On observe alors une chute sensible de toutes les pratiques de loisir qui ne sont pas centrées sur la vie familiale. Désormais bon nombre de jeunes refusent ce changement brutal dans leur vie de loisir et choisissent de vivre une union libre plutôt que de se marier. L'union libre leur semble préserver une certaine liberté et autonomie dans leurs loisirs. Les jeunes n'acceptent pas d'être tributaires de leurs parents pour organiser leurs loisirs, ils n'acceptent pas plus d'être totalement dépendants de leur conjoint durant leur temps de loisir. Même si à 70 % les unions libres aboutissent à un mariage, l'espace de liberté ainsi créé demeure. Et les loisirs familiaux se trouvent eux-mêmes enrichis par l'effet de cette liberté accordée réciproquement qui évite « l'enfermement » sur la cellule familiale. Les évolutions récentes tendent à montrer qu'il n'existe plus une rupture aussi nette entre le comportement de loisir d'un jeune célibataire et celui d'un homme marié.

Avec le temps de la retraite revient le temps d'une grande disponibilité pour les loisirs. C'est peut-être à cette période de la vie que les comportements de loisir ont le plus évolué au cours des dernières décennies. L'abaissement progressif de l'âge de la retraite, les formules de préretraite et de « retraite à la carte » permettent de profiter de ce temps libre plus jeune dans un état de santé physique et mental satisfaisant. Les générations actuelles qui partent à la retraite ont connu la période d'expansion des loisirs et ont toutes, à des degrés divers, pratiqué des activités de loisir. La retraite leur fournit une possibilité d'extension de ces pratiques. Enfin l'organisation des loisirs du troisième âge a été considérablement améliorée. D'une part le vieillissement de la population française a imposé une action sociale pour permettre à des classes de plus en plus nombreuses de prendre une retraite dans des conditions décentes. D'autre part les progrès de la médecine ont mis l'accent sur les effets bénéfiques des pratiques de loisir pour ralentir le processus de vieillissement.

C'est pourquoi l'action des pouvoirs publics et particulièrement des municipalités a été vigoureuse dans ce domaine. La création de nombreuses associations ou de clubs du troisième âge a encouragé le développement des loisirs. Dans bien des cas, ces actions ont rompu l'isolement dans lequel se trouvaient des personnes âgées sans famille ou délaissées par celle-ci. Contrairement à des idées reçues, des études menées dans le cadre de l'INSEP ont prouvé que la pratique des sports était à recommander à condition d'être adaptée aux capacités de chacun. De la même manière, certaines municipalités organisent des voyages en dehors des périodes scolaires à des prix très abordables. La participation des personnes âgées à des loisirs variés et actifs est peut-être l'élément le plus significatif du développement du loisir de notre époque.

Dernière variable importante susceptible d'influer sur le comportement de loisir : le lieu de résidence. La demande de loisirs n'a cessé d'augmenter avec l'urbanisation croissante. La ville est un pôle de développement des loisirs. La grande ville offre un large choix d'activités de loisir. Ces loisirs sont à dominante culturelle, cinémas, théâtres, expositions, musées, etc., ou à dominante commerciale, c'est dans les grandes villes que la pression publicitaire, l'appel à la consommation ont le plus fort impact. D'un autre côté, la grande ville a réduit les possibilités de loisir physique et même de loisir relationnel. Les loisirs physiques, y compris les plus simples comme la promenade, sont rendus très difficiles au sein de la grande ville ; les lieux de détente et de récréation sont notoirement insuffisants et très souvent mal répartis ; les équipements sportifs sont en nombre dérisoire par rapport aux besoins ; les loisirs de plein air y sont pratiquement inexistants faute d'espaces verts de grande superficie facilement accessibles. Les loisirs relationnels s'épanouissent aussi difficilement dans la grande ville. Contrairement à une idée répandue, la grande ville isole plus qu'elle ne rassemble. Le surnombre engendre l'anonymat. La foule est toujours solitaire comme le disait D. Riesman.

Le constat d'ensemble ne doit pas masquer les véritables raisons qui entravent le développement de certains loisirs. Les loisirs sont indissociables du mode de vie global de l'individu. Le mode de vie imposé par la grande ville est peu propice à certains loisirs. Les nuisances occasionnées par les difficultés et la longueur des déplacements, par le bruit, par les encombrements de toute sorte, par les rythmes de vie trépidants imposés à la plupart des résidents des grandes cités, sont bien connues. Elles provoquent des réactions de rejet du milieu environnant et un repli sur soi. Cette réaction de rejet renforcée par la fatigue nerveuse prédomine sur la recherche des loisirs compensateurs, peu accessibles par ailleurs. Le week-end donne le signal de la grande fuite, de la libération psychique et physique d'une oppression supportée toute une semaine durant. Ainsi habiter dans une grande ville ou à sa périphérie induit des comportements de loisir type qu'il faut bien entendu nuancer en fonction des autres variables déterminantes évoquées plus haut.

Le cas des villes de moyenne importance est plus difficile à traiter, car les conditionnements dus au lieu de résidence varient d'une ville à l'autre et ne peuvent être généralisés. Dans le pire des cas, la ville moyenne peut reproduire les mêmes nuisances que la grande ville sans pour autant offrir la même variété de loisirs culturels. Deux facteurs influent de manière évidente sur le comportement de loisir des citadins. D'une part le site naturel dans lequel s'inscrit la ville, d'autre part la politique menée par la municipalité en matière de loisir. Les villes situées à proximité de zones naturelles de loisir (mer, montagne) bénéficient au départ d'un avantage incontestable. Mais le dynamisme de la politique menée en matière de loisirs par la ville est non moins important. Tout d'abord par la maîtrise de l'urbanisation, tant il est vrai que la pratique et la qualité des loisirs dépendent du cadre dans lequel ils s'inscrivent. La promenade qui est un loisir important des citadins sera d'autant plus appréciée si certaines rues sont interdites à la circulation, si les habitations reflètent une certaine qualité architecturale. La réservation d'espaces verts disponibles pour le loisir de tous (jardins publics, terrains d'aventure, espaces récréatifs, etc.) contribue à la qualité du cadre de vie et des loisirs sous réserve qu'ils soient suffisamment étendus et à proximité des zones d'habitat. Une loi du ministère de l'Environnement et du Cadre de Vie impose théoriquement un quota de 10 m² d'espaces verts par habitant,

Le cadre de vie a pris désormais une telle importance dans le développement des loisirs que de plus en plus nombreuses sont les personnes qui choisissent leur lieu d'habitat en fonction des possibilités de loisir qui lui sont liées.

**L'influence du loisir sur le travail.** — La croissance du temps libre, l'intensification des pratiques de loisir exercent en retour une influence sur le travail. La relation travail/loisir est de type dialectique, même si l'influence du loisir sur le travail ne se manifeste pas aussi clairement que son inverse. On ne peut plus aujourd'hui dissocier tout à fait travail et loisir. Les loisirs ont pénétré le lieu de travail. De courts instants « de loisir » viennent ponctuer la journée de travail. Les luttes syndicales pour l'amélioration des conditions de travail ont permis par exemple de multiplier les temps de pause. De leur côté, certaines entreprises ont bien vu l'avantage qu'elles pouvaient retirer sur le plan du rendement au travail de la mise en place de lieu de détente. Les comités d'entreprise ont obtenu une salle de réunion dont l'usage n'est pas seulement réservé aux activités syndicales. C'est aussi un lieu de rencontre, de discussion, de détente. Certaines entreprises disposent aussi de cafétérias, de bibliothèques quelquefois, voire même de terrains de jeux ou de sport. Ces équipements de loisir se multiplient dans ou à proximité des entreprises. Des facilités d'horaires sont accordées aux salariés en fonction de leurs obligations externes à l'entreprise. L'adaptation du système des horaires flexibles permet au salarié d'organiser une partie de son temps de travail en fonction de ses loisirs. La loi sur le congé cadre-jeunesse autorise un jeune travailleur à suivre un stage de formation pour se préparer aux responsabilités d'animateur dans une association. Il est probable que cette loi sera tôt ou tard élargie aux personnes qui assurent des responsabilités sociales dans le secteur des loisirs.

L'ensemble de ces facteurs prouve que le loisir ne s'arrête plus aux portes de l'entreprise. Cette pénétration de certaines activités dans l'enceinte de l'entreprise n'est pas sans effet sur l'atmosphère générale de celle-ci et sur les relations qu'entretiennent les différentes catégories de salariés. La participation aux mêmes loisirs facilite les relations personnelles, assouplit la hiérarchie, décloisonne les services entre eux. Une plus grande décontraction facilite les rapports et modifie des comportements jusqu'ici orientés exclusivement sur le travail. De nouvelles valeurs que l'on peut qualifier de « ludiques » par opposition à celles du travail élargissent et enrichissent le champ des rapports dans l'entreprise. Mieux, la participation aux activités proposées par le comité d'entreprise est souvent l'occasion d'une découverte de nouvelles pratiques de loisir ; dans certains cas l'entreprise joue donc un rôle pédagogique en matière de loisir.

L'influence du loisir sur le travail peut être plus profonde encore. Le développement des pratiques de loisir et des valeurs libertaires qui lui sont liées entraîne la remise en cause d'un mode de vie axé sur le travail. Aussi constate-t-on ce que l'on peut appeler une véritable allergie au travail. Cette allergie tient à l'écart grandissant entre des activités plus nombreuses et plus épanouissantes durant le temps de loisir et l'appauvrissement d'un travail répétitif et contraignant. Ce contraste de plus en plus flagrant, au fur et à mesure que les loisirs se diffusent dans toutes les catégories de population, explique en partie les attitudes de blocage psychologique et de refus du travail.

Depuis quelques années, on enregistre une progression générale du taux d'absentéisme, de celui du *turn over*, et l'allongement de la durée des arrêts de travail. Cette fuite devant le travail ne semble pas très nouvelle. Mais, d'une part, son accentuation est nette, d'autre part, elle touche un nombre considérable de jeunes et risque de menacer à terme le système d'organisation du travail. D'autant plus que ce refus du travail se combine avec le chômage qui renforce cette tendance à rejeter le travail comme valeur fondamentale de l'existence. Plusieurs facteurs interviennent dans cette allergie des jeunes pour le travail. Les jeunes sont nés dans une société de relative abondance. La poursuite de la croissance industrielle qui signifie le maintien de longues journées de travail ne leur paraît pas un objectif aussi indispensable qu'il l'était pour leurs aînés. D'autant que cette croissance a de lourdes conséquences sur la qualité de l'environnement et donc sur la qualité des loisirs. Les jeunes sont d'ailleurs les premiers à préférer une augmentation du temps libre à une augmentation de leurs revenus.

L'amélioration de la protection sociale contre le chômage garantit aux jeunes un minimum vital qui leur permet de subsister sans travailler ou presque. On peut désormais vivre dans un état d'oisiveté à peu près complet à condition d'accepter la marginalisation ; marginalisation d'autant mieux acceptée chez les jeunes qu'ils n'ont pas le sentiment d'être un cas isolé mais de faire partie de toute une génération à qui est imposée cette marginalité. Les possibilités de loisir sont également beaucoup plus étendues pour les jeunes qu'elles ne l'étaient pour leurs aînés. La jeunesse représente un âge d'or pour les loisirs (sports, voyages, rencontres, etc.).

En conséquence, on retarde le plus possible le moment de l'insertion professionnelle qui implique une rupture dans le mode de vie.

Enfin, d'une manière plus générale, les « révoltes » des jeunes, dont mai 1968 a été un point culminant en France, se traduisent par un refus de l'idéologie dominante et trouvent une expression naturelle à la fois dans la contestation de la valeur du travail et dans l'élaboration d'une autre culture. Le chômage qui atteint particulièrement les jeunes ne fait qu'accentuer cette contestation en marginalisant ceux-là mêmes qui ne le souhaiteraient pas.

Lorsqu'ils trouvent du travail, de nombreux jeunes n'acceptent pas pour autant d'entrer dans un système définitif qui réduirait leur temps de loisir. Ils choisissent de préférence des emplois à temps partiel ou font alterner les périodes de travail et d'inactivité. La multiplication des emplois à durée déterminée, l'extension du travail temporaire encouragent un mode de vie fondé sur la précarité de l'emploi.

Peu à peu, en parallèle avec le travail officiel, normalisé, permanent, se développe un système de travail temporaire souvent exécuté au noir. Tout un réseau de travail parallèle permet ainsi aux jeunes de travailler au moment désiré et de préserver une grande disponibilité pour leurs loisirs. Ils opèrent ainsi une mutation des valeurs sociales : donner la priorité aux loisirs, le travail devenant secondaire. Cette remise en cause du travail dans sa forme traditionnelle ne s'observe pas uniquement chez les jeunes. Nombreux sont ceux qui trouvent des possibilités de réalisation personnelle dans leurs loisirs et qui supportent de moins en moins la routine d'un travail uniforme et permanent.

Il n'est pas rare de les voir opter pour un travail

partiel moins rémunérateur ou de décider de prendre une année entière pour se consacrer à leurs loisirs préférés. Déjà aux Etats-Unis, certaines professions jouissent d'une année entière de liberté tous les sept ans, avec un demi-salaire. Le système d'année sabbatique tend à se répandre même quand il n'est pas institutionnalisé comme aux Etats-Unis. En France certaines entreprises accordent de semblables facilités à leurs employés à condition qu'ils justifient d'un certain effort de formation professionnelle. Ce n'est au fond qu'une extension de la loi de 1971 sur la formation permanente. La nécessité d'une remise à jour des connaissances, d'opération de recyclage ou de reconversion est de plus en plus évidente avec l'accélération du progrès technologique. On peut en conséquence prévoir qu'alterneront beaucoup plus fréquemment des phases de travail actif avec des périodes de plus grande disponibilité pour la formation professionnelle comme pour les loisirs.

Le développement des loisirs a incontestablement modifié la conception du travail. Le travail n'est plus une fin en soi, sauf pour une minorité de personnes qui trouvent suffisamment de satisfactions dans l'exercice de leur profession. Le travail est maintenant plutôt perçu en fonction des moyens qu'il procure pour profiter au mieux de ses loisirs. Les moyens matériels ne sont pas les seuls en cause. Entrent également en ligne de compte dans le choix d'un travail la possibilité d'aménager ses horaires, la qualité de l'environnement dans lequel on travaille, la proximité de lieux de détente et de loisirs.

Fait significatif, on jugeait autrefois une personne en fonction de l'emploi occupé. Désormais le travail n'est plus le seul étalon de la réussite sociale. La manière de disposer de son temps libre, l'épanouissement individuel dans les pratiques de loisir importent tout autant. Les sondages démontrent régulièrement que les Français accordent plus d'importance à la réussite de leur vie privée qu'à la réussite de leur vie professionnelle. La réussite n'est plus seulement dépendante du niveau de vie, la qualité de la vie y entre pour beaucoup. « Etre plus » est maintenant aussi important qu' « Avoir plus ».

L'influence en retour des loisirs sur le travail est donc loin d'être négligeable même si elle est moins évidente que l'influence du travail sur le comportement de loisirs.

## IV. — La relation travail-loisir dans les pays de l'Est

Il est très intéressant de comparer la conception du loisir dans les sociétés capitalistes industrialisées avec celle qui prévalait dans les sociétés socialistes économiquement développées comme l'ex-Union soviétique.

Dans les deux cas, le loisir se définit par rapport au travail. Mais dans les sociétés libérales le loisir est considéré comme opposé au travail ; dans les sociétés socialistes, à l'inverse, travail et loisir sont jugés étroitement dépendants. Ils sont liés au même objectif. Ils concourent tous deux à l'accomplissement de l'homme socialiste, et ils participent tous deux à l'édification de la future société communiste dans laquelle travail et loisir seront confondus. En pratique, le loisir est tout à fait secondaire par rapport au travail. L'objectif prioritaire, dans les sociétés socialistes comme dans les sociétés capitalistes, est le développement des forces productives. La valeur travail est donc fondamentale. Le loisir doit lui aussi servir les objectifs de développement économique. Car le temps du loisir permet la récupération de la force de travail et même l'élargissement de cette force de travail avec l'augmentation du temps libre. C'est pourquoi les pratiques de loisir sont axées sur toutes les activités permettant d'enrichir et de rendre plus efficace le travailleur dans l'exercice de sa profession. La principale fonction assignée aux loisirs est d'adapter au mieux l'homme à son travail, d'améliorer ses aptitudes et son rendement, de le rendre plus productif. Le loisir est littéralement une « réserve de productivité ». Aussi le temps de loisir est-il canalisé dans les sociétés socialistes en vue d'accroître le rendement du travail et améliorer d'autant les performances du système économique. C'est également une des fonctions que remplit le loisir dans les sociétés capitalistes puisque le temps du loisir est un temps privilégié pour la consommation qui à son tour stimule le système productif.

En conséquence, les activités de loisir les plus encouragées sont toutes celles qui contribuent à la formation professionnelle ou à la formation idéologique. La formation professionnelle permanente est organisée sur le lieu même de l'entreprise ou par la commune de résidence, sous forme de cours du soir. Théoriquement ces cours sont facultatifs, le travailleur ayant la liberté de s'y rendre ou non. C'est dans ce sens que l'on peut parler d'activités de loisir. Pratiquement le salarié est fortement incité à y participer et s'exerce sur lui une forte pression sociale pour que celui-ci vive ses loisirs en socialiste. Dans le même cadre, sont proposés des cours de formation idéologique destinés à renforcer la conscience sociale du salarié face à son travail.

D'une manière plus générale, tous les loisirs susceptibles d'influer positivement sur la cohésion sociale sont valorisés. Le loisir s'entend avant tout comme une pratique collective. Par opposition, tous les loisirs qui supposent une pratique individuelle, ou même familiale, ne jouissent pas de la même considération. Aussi existe-t-il une véritable hiérarchie dans les loisirs en fonction de leur utilité sociale. On trouve également une hiérarchisation des loisirs dans les sociétés libérales qui repose sur la division en classes sociales. Sont valorisés les loisirs élitaires pratiqués par les catégories sociales les plus cultivées. La hiérarchie telle qu'on la trouvait dans l'ex-Union soviétique, par exemple, se veut à l'opposé de la hiérarchie de type libéral en mettant en avant les pratiques collectives.

Voici un exemple de classification des loisirs :

1° Les activités socioculturelles.
2° Les études et la formation professionnelle.
3° Le repos (détente, promenade, etc.).
4° Le repos culturel (télévision, radio, cinéma).
5° La lecture (littérature, journaux, revues).
6° L'éducation des enfants.
7° Les goûts personnels, l'éducation physique, les sports.

Les goûts personnels, la réalisation de l'individu dans des pratiques de loisirs personnalisées sont en dernière position. Par contre, les activités de socialisation et de formation sont les premières citées. On voit ici de quelle façon une idéologie fondée sur le travail et sur la valorisation des pratiques collectives conditionne l'organisation des loisirs. Pourtant cette organisation autoritaire des loisirs n'a pas suscité une adhésion aussi importante que l'on espérait de la part des Soviétiques, et n'a pas non plus réussi à démocratiser réellement les pratiques de loisir dans l'ex-URSS.

Tout d'abord, la durée du temps de travail n'a pas diminué autant qu'il avait été prévu. Les mêmes erreurs de pronostic ont été commises à l'Est comme dans les sociétés occidentales. Là comme ailleurs, la réduction du temps de travail est restée au niveau des espérances et du discours. Le travail supplémentaire et, notamment, le travail au noir sont encore plus répandus que dans les sociétés occidentales. Un niveau de vie peu élevé, la lourdeur de la réglementation du travail légal expliquent que de nombreux ouvriers donnent la préférence au travail supplémentaire plutôt qu'aux loisirs. Les activités sociopolitiques (réunions syndicales, cours du soir, etc.) tiennent une place beaucoup plus importante dans le temps de loisir dans les pays de l'Est. Mais il est bien difficile de savoir ce qui relève de la contrainte ou du libre choix dans la participation à ces « loisirs ». On constate par ailleurs que ces activités sociopolitiques sont en nette régression et qu'elles occupent de moins en moins de place dans le temps de loisir. Elles ont perdu du terrain au profit de loisirs plus individualisés comme la télévision, la pratique d'un sport ou le tourisme. Aussi assiste-t-on à un rapprochement très net entre les pratiques de loisir à l'Est et celles des Occidentaux. La hausse générale du niveau de vie, la multiplication des biens de consommation ne fait qu'amplifier ce phénomène. Le passage à la société de consommation a entraîné une plus grande individualisation des pratiques de loisir particulièrement évidente dans les grandes villes. Cette plus grande individualisation fait apparaître d'autant les disparités existantes entre les pratiques de loisir en fonction des catégories sociales. S'il est juste de dire que ces inégalités sont bien moindres que dans les sociétés libérales, elles n'en sont pas moins présentes, tout particulièrement dans le domaine des loisirs culturels. En prenant les deux extrêmes de l'ex-société soviétique, l'*intelligentsia* d'un côté, les ouvriers de l'autre, il apparaît que cette dernière catégorie a en moyenne quatre fois moins d'activités artistiques que la première. Une différence analogue se retrouve dans les loisirs intellectuels comme la lecture.

En conclusion, les loisirs de type occidental se développent rapidement (par exemple, l'utilisation de la voiture individuelle) et rapprochent le modèle socialiste d'occupation du temps de loisir de celui des sociétés libérales.

Cette tendance va à l'encontre des pratiques plus collectives de loisir (les activités de socialisation) et met à jour des disparités dans le choix de l'intensité des activités de loisir qui recouvrent en fait des inégalités sociales subsistantes.

Cette convergence, que l'on observe dans les pratiques de loisir, s'inscrit dans le cadre général du rapprochement des modes de vie Est-Ouest. La multiplication des échanges économiques entre les deux blocs, la priorité accordée aux performances économiques de part et d'autre impliquent des formes d'organisation sociale de plus en plus similaires. Le début d'ouverture aux influences culturelles occidentales qui se manifeste à l'Est renforce cette tendance vers une homogénéisation des systèmes sociaux. On peut penser que l'éclatement du bloc politique à l'Est va encore accentuer ces convergences.

## Chapitre II

# LES FONCTIONS DU LOISIR

Les conceptions du loisir sont multiples. Il serait vain de rechercher une conception qui fasse l'unanimité. D'un pays à l'autre et même d'un individu à l'autre, la signification du loisir varie. Ce qui est à la fois normal et souhaitable puisque le loisir devrait représenter avant tout cet espace de liberté et d'expression personnelle propre à chaque individu. Les grandes données objectives qui ont été relevées comme la croissance du temps libre, l'évolution de la nature du travail, les catégories sociales, l'âge ou le niveau d'instruction n'expliquent qu'en partie les comportements de loisir. Ceux-ci ne se laissent pas réduire à un enchaînement de déterminismes sociaux qui agiraient de façon mécanique. On pourrait tout au plus construire une loi de probabilités des conduites de loisir avec toute la part d'incertitude inhérente au loisir qui est non seulement un fait social, mais plus encore un fait humain.

Au-delà des diverses conceptions que l'on peut présenter sur le loisir, ce dernier remplit une série de fonctions que l'on retrouve à des degrés divers dans l'ensemble des pratiques de loisir. Il ne s'agit plus de savoir ce qu'est le loisir, mais de savoir à quel besoin il répond sur le plan individuel, sur le plan social et sur le plan économique. C'est pourquoi on distinguera successivement les fonctions psychosociologiques du loisir, ses fonctions sociales et enfin sa fonction économique.

## I. — Les fonctions psychosociologiques du loisir

Le loisir remplit des fonctions psychologiques évidentes. Sans offrir une compensation totale à la vie de travail, le loisir n'en produit pas moins des compensations partielles qui sont essentielles à l'équilibre psychologique de l'individu. Trois fonctions ont été identifiées par J. Dumazedier. Il s'agit des fonctions de détente, de divertissement et de développement.

**La fonction détente.** — C'est la première fonction du loisir, la plus nécessaire peut-être en ce sens que, sans la récupération de la fatigue nerveuse et physique, il ne pourrait y avoir de loisir. La détente signifie à la fois le repos et la libération. Le repos réparateur après l'accumulation des tensions et de la fatigue d'une journée de travail. La libération psychologique aussi des conditionnements et contraintes qui pèsent sur l'individu. Libération des obligations également qui ne sont pas simplement dues au travail, mais aux multiples tâches qu'il faut remplir par nécessité ou par devoir. La psychologie du travail a bien mis en évidence toutes les sources de tension nerveuse du travail moderne. A la pénibilité physique du travail d'autrefois, a succédé la pénibilité nerveuse du travail actuel. Dans l'industrie, le travail à la chaîne engendre une série de troubles du comportement bien connus. Un travail uniforme et répétitif, une absence de mobilité physique due à la fixité du poste de travail, une absence presque complète de communication entre les travailleurs, la dureté de l'autorité hiérarchique, les multiples nuisances provoquées par la pollution ambiante et par le bruit, tels sont les principaux facteurs générateurs de tensions et d'exaspérations de toutes sortes. L'amélioration des conditions de travail passe bien après les objectifs de productivité. L'ergonomie reste une science bien neuve et peu développée. Certaines entreprises ont prouvé pourtant que productivité et amélioration des conditions de travail n'étaient nullement contradictoires, au contraire. Une organisation du travail qui tienne mieux compte de l'adaptation et des aspirations des travailleurs peut augmenter le rendement de l'entreprise tout en détendant son atmosphère. Ceci suppose que, à l'instar des pays scandinaves, des études nécessairement improductives, dans un premier temps, soient réalisées au niveau des entreprises. Que le poids des habitudes soit vaincu et que soit acceptée une période de réorganisation dont les effets sont souvent négatifs au départ et qui ne se révèlent « payants » qu'au bout d'un certain temps.

Dans le secteur tertiaire, jusqu'ici privilégié, les conditions de travail, loin de s'améliorer, auraient plutôt tendance à se détériorer. De plus en plus la nature du travail dans les bureaux s'apparente au travail industriel. Les fonctions se mécanisent, le travail devient parcellaire et répétitif, le salarié n'est plus qu'un suppléant de la machine. Cette évolution est très nette dans certains secteurs : sont principalement affectés les employés de banque, ceux des assurances, de la Sécurité sociale ou encore des Postes. Avant une phase d'automatisation plus complète avec extension de la bureautique, les travailleurs du tertiaire seront alors pris dans un processus de rationalisation de la production des services dans lequel leur intervention propre sera presque entièrement standardisée.

Le travail n'est pas la seule source de tension et de fatigue nerveuse ou physique. Diverses enquêtes ont montré que les Français étaient psychologiquement plus sensibles aux nuisances diverses durant le temps hors travail. La pénibilité résultant des transports longs et peu pratiques vient en premier. Surtout que le temps de transport a tendance à s'allonger dans les villes avec la dissociation de plus en plus nette entre le lieu de travail et le lieu d'habitat. Les enquêtes montrent qu'un tiers des personnes résidant en banlieue parisienne passent plus de 1,5 heure chaque jour dans les transports. Le sentiment d'étouffement dû aux encombrements multiples, dans la rue, dans les services administratifs, est également vivement ressenti. Ces heures « perdues » hors travail sont encore plus mal vécues que le temps passé au travail. En effet, le travail est perçu comme une contrainte obligatoire alors que le temps perdu hors travail est ressenti comme une contrainte gratuite, comme un véritable empiétement sur le temps de loisir. A ce titre il est plus mal supporté que la contrainte due au travail. Or, si le temps de travail a tendance à diminuer, le temps contraint hors travail est plutôt en progression. Cet aspect du mode de vie urbain rend d'autant plus nécessaires les moments de détente. A tel point que la détente synonyme de repos est souvent la principale composante du loisir moderne. Or ce sont précisément les deux autres fonctions du loisir (divertissement et développement) qui sont les plus susceptibles de favoriser l'épanouissement de l'individu dans ses loisirs.

**La fonction divertissement.** — Le divertissement complète la détente, il lui donne un contenu plus dynamique. Car le travail et le mode de vie urbain n'engendrent pas seulement la fatigue nerveuse ou physique ; l'ennui, la morosité apparaissent encore plus symboliques du monde moderne. La presse se fait largement l'écho du « mal de vivre » qui touche en particulier les plus jeunes générations. La routine, la monotonie, le fameux « Métro, Boulot, Dodo » expriment cette difficulté de vivre. Comme si la vie se réduisait à une série d'obligations quotidiennes que ne compense pas la fuite en avant dans la consommation. C'est pourquoi toutes les occasions de divertissement prennent autant de relief et sont tellement indispensables. C'est par le divertissement que s'opère la véritable rupture avec les rythmes anesthésiants du quotidien. Littéralement divertissement signifie : faire diversion. Trouver le moyen d'oublier momentanément l'ennui en se lançant dans une activité ludique. C'est aussi le divertissement qui est le plus proche de la définition du loisir. Loisir et divertissement supposent la recherche du plaisir, du bien-être. Se sentir bien, être en accord avec soi-même en facilitant ses penchants naturels, telle était la morale des hédonistes. C'est un peu cette éthique que l'on retrouve dans le loisir moderne et dans toutes les formes de divertissement qui lui sont liées. Le développement actuel des pratiques de loisir entraîne la réapparition de cette moralité du plaisir. Plaisir refoulé pendant des siècles par l'éthique du travail qui a conditionné et conditionne encore l'ensemble des valeurs sociales. Nous avons vu de quelle façon l'éthique protestante avait préparé cette éthique du travail en condamnant les loisirs et l'oisiveté. L'extension du loisir dans les sociétés modernes remet progressivement en cause cette éthique du travail. La coexistence entre ces deux éthiques, l'une puritaine, l'autre hédoniste, est conflictuelle.

Contrairement à ce que tous les sociologues ou futurologues avaient pensé, le loisir ne rend pas le travail plus acceptable, au contraire, il remet fondamentalement en cause la morale sur laquelle il repose. Le loisir moderne, et c'est là un point capital, est générateur du retour à une morale hédoniste susceptible de transformer nos modes de vie aussi radicalement qu'avait pu le faire la révolution industrielle du XIX^e^ siècle.

Dans le divertissement on trouve également la dimension du jeu. Le jeu est aussi un aspect fondamental du loisir. Les jeux de toutes sortes sont des instruments essentiels du défoulement, c'est-à-dire de la libération des tensions et pulsions réprimées par toutes les réglementations qui s'imposent à l'individu durant son travail et dans la plupart des comportements de sa vie sociale. Aristote avait déjà montré l'importance du jeu en soulignant son rôle cathartique. La tragédie grecque produisait cet effet cathartique (1). En s'associant étroitement au jeu des acteurs grecs, les spectateurs vivaient totalement la tragédie qui leur était présentée. Il en résultait un phénomène de défoulement dans l'imaginaire et de résolution des conflits dans la représentation théâtrale. C'est la même fonction que remplit le théâtre moderne et plus encore le cinéma. Le spectacle permet à la fois la délivrance de l'univers quotidien, la fuite dans l'imaginaire, mais aussi l'illusion de la maîtrise de l'homme sur la situation qu'il vit. Le cinéma comme copie de la

(1) *Catharsis* : littéralement libération de la crise intérieure, défoulement des pulsions.

réalité donne l'illusion de soumettre cette réalité à la volonté de l'homme, à celle du metteur en scène. Le spectacle donne l'impression de *se jouer* de la réalité qui nous oppresse quotidiennement.

Le jeu n'est pas seulement le spectacle, c'est également la participation active à un sport par exemple. La pratique d'un sport est aussi une possibilité de libération physique et psychique. C'est une libération dans le sens où il s'agit d'un acte gratuit qui n'a pas d'autre fin que lui-même. A l'inverse du travail qui doit servir et être utile au processus de production, le sport n'a aucune utilité précise, c'est une dépense gratuite d'énergie. L'activité ludique, le loisir, supprime la contrainte d'un résultat précis qu'il faut atteindre à tout prix. On ne se soumet pendant ses loisirs qu'aux règles que l'on a délibérément choisies et pour atteindre le résultat que l'on a soi-même fixé. Nulle contrainte, nulle obligation extérieure ne viennent interférer sur ce choix personnel.

C'est pourquoi le jeu, pris comme synonyme de divertissement, est une fonction majeure du loisir. Ses principaux caractères sont en résumé : la fuite d'un monde de contraintes où priment le rendement et le résultat objectif ; la libération des tensions dans un monde ludique dont on contrôle les règles et que l'on accepte librement ; une manière de se jouer de la réalité en la transformant en spectacle dont on tire les ficelles à l'inverse de la vie elle-même.

Enfin le divertissement favorise les relations sociales. La plupart des jeux sont à dominante collective. Dans le cadre d'un groupe, d'une équipe ou au sein du milieu familial, les jeux supposent un échange. De cet échange, de cette communication provient du reste l'essentiel du plaisir. Sans reprendre mot pour mot l'adage qui veut qu' « un vrai plaisir soit toujours un plaisir partagé », la formule conserve tout de même une bonne part de vérité. A tel point d'ailleurs que le jeu n'est souvent qu'un prétexte pour enrichir des relations affectives ou sociales. Le jeu sert d'émulation aux relations interpersonnelles au sein d'un groupe. Il est bien connu que le sport, si l'on oublie les excès auquel il peut donner lieu, a des vertus de socialisation certaine. L'apprentissage de la vie sociale se fait beaucoup plus rapidement chez les jeunes qui participent à des activités sportives. Il y apprend le respect et la soumission à un but commun, la nécessité d'accepter des règles collectives, le goût de l'effort partagé. De même peut-on remarquer que les adultes qui pratiquent un sport collectif (la plupart des sports sont collectifs sous une forme ou une autre) ont un bon contact social et des facilités dans leurs relations. Cette remarque peut être étendue à la plupart des jeux. Même des jeux fréquemment critiqués, comme le PMU, ont au moins le mérite de favoriser les relations sociales et les échanges dont la fonction dépasse de beaucoup la simple participation à un jeu de hasard. Le jeu facilite également les relations sociales en réduisant l'importance des clivages sociaux. Beaucoup de jeux permettent des échanges entre personnes qui n'appartiennent pas à la même catégorie sociale. Le jeu est souvent l'occasion de sortir d'un milieu social étroit pour pénétrer d'autres univers sociaux, d'autres comportements, d'autres croyances. A l'occasion de la participation à un même jeu, se rassemblent ceux qui sont séparés et se méconnaissent durant leur vie de travail. Bien entendu certains jeux sont encore un signe distinctif d'une catégorie sociale donnée. Mais plus nombreux sont ceux qui jouent désormais le rôle inverse. Si nous reprenons l'exemple du sport, il est frappant de constater avec quelle rapidité certains sports, traditionnellement réservés à une élite, sont en voie de démocratisation. Le tennis est un exemple frappant, la voile, le ski et l'équitation suivent le même chemin.

**La fonction développement.** — Cette dernière fonction du loisir est la plus ambitieuse, la moins souvent présente dans les activités de loisir et la moins bien partagée. La plus ambitieuse car elle suppose qu'après le temps de travail, l'individu ait gardé suffisamment de ressort pour se lancer dans des activités susceptibles de participer à son développement intellectuel, artistique et physique. La plus mal partagée aussi puisqu'il dépend en partie de l'éducation et du niveau d'instruction de poursuivre un développement personnel. Elle est également la plus « compensatrice » par rapport au travail. Les deux fonctions précédentes, détente et divertissement, représentent plutôt une fuite dans le loisir. La recherche d'un développement personnel « surcompense », pourrait-on dire, les effets négatifs du travail. Elle se définit comme l'élargissement du champ d'intérêt d'un individu pour ce qui l'entoure. Elle suppose une recherche active de toutes les activités pouvant concourir au développement physique et mental. En effet il est rare, voire impossible, de pouvoir exploiter toutes ses virtualités et aspirations dans un travail. Un travail quel qu'il soit est toujours réducteur de la personnalité, il n'en développe que certains aspects, et il comporte fatalement des aspects stérilisants. Le loisir, dans sa fonction de développement, permet l'expression d'une certaine polyvalence inscrite au fond de chaque individu, afin d'éviter les atrophies physiques ou intellectuelles engendrées par un mode de vie unidimensionnel. C'est pourquoi le loisir doit encourager l'amateurisme, au meilleur sens du terme, par opposition à la vie professionnelle. L'amateur est celui qui trouve dans certaines activités non professionnelles les opportunités de développement complémentaire de sa personnalité.

Les loisirs créatifs (peinture, musique, expression corporelle, etc.) sont ceux qui apportent souvent le plus de satisfaction dans le développement de la personnalité. Nous avons déjà mentionné l'extraordinaire engouement pour toutes les activités de bricolage souvent liées à l'acquisition d'une résidence secondaire. C'est là le signe de ce besoin de créativité dans le loisir. De même les cours d'expression artistique organisés par certaines municipalités rencontrent une audience de plus en plus large. L'autodidaxie trouve également un plus large écho avec tous les moyens modernes d'apprentissage à domicile : cours par correspondance, télévision éducative, formation professionnelle volontaire. Nombreux sont ceux qui éprouvent le besoin pendant leurs loisirs de poursuivre la formation qu'ils ont acquise durant leur scolarité. D'autant que les connaissances deviennent de plus en plus rapidement obsolètes avec la rapidité du développement technologique.

La formation permanente a institutionnalisé cette nécessité d'approfondissement des connaissances. Elle prendra vraisemblablement plus d'importance dans le proche avenir ; les périodes de formation deviendront plus fréquentes, plus longues, plus diversifiées. Elles rentreront dans le cadre du loisir dans la mesure où le travailleur ressentira de lui-même ce besoin de formation continue et qu'il choisira le moment de s'y consacrer.

L'influence de la fonction développement dans le loisir est importante sur le travail ; sur le plan du perfectionnement professionnel bien sûr, mais aussi sur la possibilité d'une meilleure maîtrise de son travail. Les trois fonctions psychologiques du loisir mentionnées ci-dessus ne sont évidemment pas exclusives les unes des autres. On les retrouve généralement dans la plupart des activités de loisir, dans des proportions variables.

## II. — Les fonctions sociales du loisir

A côté de ces fonctions à dominante psychologique, le loisir remplit des fonctions que l'on peut analyser au niveau de la société dans son ensemble. Là encore nous retiendrons trois fonctions parmi les plus significatives du loisir pris comme phénomène de société : une fonction de socialisation, une fonction symbolique, une fonction thérapeutique.

**La fonction de socialisation.** — Les conditions du travail moderne, l'urbanisation intensive et l'habitat vertical ont entraîné une réduction des rapports sociaux. Jamais société n'a produit autant de solitude. La division du travail et l'hyper-spécialisation qui en résulte ont appauvri la communication interpersonnelle. La grande ville cloisonne et isole au lieu de réunir comme pouvait le faire le village. Les fonctions collectives d'autrefois se sont individualisées. La production des biens de consommation en série a imposé un mode de consommation individuel. (La voiture plutôt que les transports en commun, la machine à laver plutôt que la laverie collective, etc.) Les activités de loisir ont évidemment suivi cette évolution générale ; elles sont souvent peu collectives. C'est au sein de la famille que se passe l'essentiel du temps de loisir. C'est elle qui remplit avant tout la fonction de socialisation de l'individu durant ses loisirs. Les activités familiales de loisir sont principalement : les échanges relationnels, l'éducation des enfants, la télévision, les vacances. Pourtant la famille qui reste le principal pôle relationnel et affectif a aussi subi des évolutions qui ont affecté son rôle de socialisation. Elle n'est plus comme autrefois le lieu d'échange entre les générations successives. La grande famille, réunissant trois, voire quatre générations, a pratiquement disparu. Le mode de vie industrialo-urbain l'a réduite à sa dimension nucléaire où coexistent deux générations seulement, parents et enfants. Parallèlement, le taux de fécondité a nettement diminué et n'assure même plus la stabilité démographique. L'augmentation rapide du travail féminin fragilise encore plus le noyau familial tout spécialement dans son rôle éducatif. Les jeunes ont tendance à quitter de plus en plus tôt la cellule familiale et à contester un modèle familial qui n'est plus aussi enrichissant qu'auparavant. Toutes ces atteintes au mode de vie familial traditionnel ont laissé penser que la famille perdrait progressivement de l'influence et qu'elle ne serait plus un cadre privilégié de socialisation durant le temps de loisir. S'il est vrai que la famille moderne ne remplit plus autant de fonctions que la famille d'antan, elle n'en garde pas moins sa prééminence. Car aucune structure de remplacement ne s'est substituée à la famille. Le développement des communautés reste limité et il implique une marginalisation que les jeunes, dans leur ensemble, n'acceptent pas de façon durable. Si les amis, les bandes de copains représentent souvent une grande famille que l'on préfère à sa famille originelle, leur influence est limitée dans le temps. Il s'agit plutôt d'une initiation à la vie communautaire que les jeunes abandonnent rapidement au profit du couple traditionnel. Toutes les enquêtes effectuées auprès des jeunes prouvent que la famille demeure pour eux une valeur centrale ; ils accordent d'ailleurs une nette priorité à la réussite de la famille qu'ils auront fondée sur leur propre réussite professionnelle par exemple.

Ainsi, malgré l'affaiblissement de son rôle traditionnel, la famille demeure une valeur sûre d'autant plus privilégiée que la vie moderne la soumet à des éclatements de toutes sortes. Les sondages montrent qu'en cas de réduction du temps de travail la majorité des Français choisiraient de consacrer leur temps libre à leur vie de famille. Si le temps de loisir est d'abord consacré aux activités familiales, d'autres pratiques de loisir sont également l'occasion d'un développement des relations sociales. La croissance du mouvement associatif est très significative à cet égard. On recense en France plus de 40 000 associations plus ou moins dynamiques qui proposent des activités de loisir les plus variées. Cette croissance des associations, auxquelles il faut ajouter les clubs sportifs, est bien le signe du besoin d'enrichir des relations sociales. Car, au-delà de l'activité proposée, la participation à une association quelconque est l'occasion d'échanges, de confrontations, de prises de responsabilité.

La prolifération des clubs de vacances à la suite du succès du Club Méditerranée traduit ce même désir de multiplier les contacts sociaux pendant le temps de loisir. Même si la vie communautaire proposée par ces clubs est parfaitement artificielle, elle dénote un puissant besoin de vaincre la solitude et l'enfermement de la vie quotidienne en milieu urbain.

Enfin, on ne saurait oublier la fonction importante de socialisation des cafés et restaurants. Ce sont sans doute les loisirs les plus typiquement français. Ils servent de cadre aux rencontres entre amis et facilitent les contacts sociaux informels. La fonction de socialisation des loisirs est capitale. Son importance se manifeste avec plus d'acuité dans une société qui a une tendance naturelle à réduire l'individu à son rôle de producteur-consommateur. Elle favorise l'apparition de personnalités extraverties plus aptes à la vie sociale.

**La fonction symbolique.** — Comme toutes les activités sociales, le loisir a une face symbolique. Il est bien souvent le symbole (ou le signe) d'appartenance à une catégorie sociale mais il peut être également un signe d'affirmation personnelle par rapport aux autres.

C'est Th. Veblen qui a développé le plus longuement l'idée que le loisir est avant tout un symbole de classe. Ce n'est pas tant le plaisir que la considération sociale qui serait recherché dans les activités de loisir.

Veblen stigmatise le bourgeois du XIXe siècle qui cherche par tous les moyens à se distinguer socialement dans ses loisirs. Dépenses somptueuses, faste inutile, excès en tout genre désignent le bourgeois. Cet aspect symbolique du loisir aurait-il totalement disparu de nos jours ? A l'évidence, non, même si les distinctions sociales s'affichent plus discrètement dans les activités de loisir. Les consommations et activités de loisir participent au « standing » social d'un individu. Posséder une voiture puissante, une résidence secondaire dans un endroit recherché, être membre d'un club sportif bien coté (même si l'on pratique peu le sport), suivre les dernières modes intellectuelles et culturelles, tous ces éléments, et il y en a bien d'autres, sont symboliques de l'appartenance à une catégorie sociale. Le jugement social ne s'arrête pas simplement à la profession exercée par un individu, il repose également sur la manière dont il occupe son temps de loisir.

Au fur et à mesure que les formes de travail se mécanisent et s'uniformisent, que la hiérarchie tend à se resserrer, le besoin de distinction sociale dans les loisirs s'accentue. Moins le travail permet d'affirmer sa position sociale, plus le loisir est susceptible d'être utilisé à des fins de reconnaissance sociale. Ceci est particulièrement net dans les pays de l'Est. L'égalisation relative des conditions de travail et de rémunération a suscité un besoin d'affirmation sociale dans les loisirs. A défaut de pouvoir prouver son appartenance sociale par la nature du travail, on le prouve dans des activités de loisir valorisées culturellement et considérées comme élitaires.

Symbole d'appartenance sociale, le loisir est aussi un signe d'affirmation personnelle. Autrement dit, on ne peut plus réduire aujourd'hui, comme le faisait Veblen au XIX$^{e}$ siècle, le loisir à un symbole de classe. Le choix de certaines activités de loisir permet une affirmation de la personnalité souvent impossible dans l'activité professionnelle. Ce besoin d'expression personnelle dans ses loisirs ne se confond pas toujours avec la catégorie socioprofessionnelle d'origine. Si le statut professionnel d'un individu est très fortement déterminé par son niveau d'instruction et par la catégorie sociale dont il est issu, ses activités de loisirs en sont moins dépendantes.

Le conformisme social pèse moins dans le choix des loisirs que dans le choix d'un travail. Certaines activités de loisir (essentiellement les loisirs culturels) sont bien entendu majoritairement pratiquées par les couches supérieures de la société, mais d'autres commencent à y avoir accès en plus grand nombre. C'est le cas du cinéma par exemple. Certaines activités de loisir sont pratiquées dans une proportion identique par les différentes catégories sociales (la télévision, le jardinage, certains sports, etc.). Il y a bien une certaine mobilité sociale dans les pratiques du loisir. En allant plus loin, on peut même dire que le loisir est parfois une possibilité de s'affranchir des clivages sociaux, de rompre avec le conformisme de son milieu social pour faciliter une expression plus entière de sa propre personnalité, de ses désirs et de ses goûts. Le désir d'individualisation dans le loisir échappe souvent aux déterminismes sociaux que l'on a tendance à surestimer. En ce sens, les pratiques de loisir s'expliquent plus par des styles de vie particuliers que par un conditionnement général dû à la stratification sociale. Le choix d'un style de vie (et donc d'un style de loisir) ne repose pas uniquement sur la catégorie socioprofessionnelle d'origine. Bien d'autres indicateurs viennent s'y greffer. En fin de compte, les pratiques de loisir ne sont réductibles à aucun indicateur si puissant soit-il. Une part de liberté et de choix personnel dépasse toujours les meilleures explications que l'on peut trouver. Pourquoi tel ingénieur issu d'une grande école décide de subordonner sa carrière professionnelle à ses loisirs ? Pourquoi tel employé décide-t-il de consacrer tous ses loisirs au théâtre ou à l'expression musicale ? Ces situations « atypiques » se multiplient dans une société qui fait une plus large place au temps de loisir. Le loisir apparaît donc autant comme le symbole d'une affirmation personnelle, d'un désir d'individualisation, que comme le symbole d'une classe sociale. Car les valeurs du loisir ne sont pas celles du travail, elles ne subissent pas le même conditionnement social, elles font une plus grande place à l'anticonformisme et à la liberté de choix de chacun.

**La fonction thérapeutique.** — La fonction thérapeutique du loisir est évidente et paradoxalement assez négligée. Cette fonction rejoint les deux premières fonctions psychologiques déjà évoquées : détente et divertissement. La détente permet la récupération de la fatigue physique, le divertissement délivre des tensions nerveuses et rétablit l'équilibre psychologique. Le loisir contribue largement à préserver un bon état de santé. Ce sont bien entendu les loisirs physiques qui ont les effets les plus perceptibles. La sédentarisation, l'absence presque complète d'efforts physiques portent atteinte aux fonctions physiologiques de l'individu. Plus grave encore, les activités sensorielles ont tendance à s'atrophier. La médecine du travail a constaté une diminution sensible de l'acuité visuelle et auditive au fil des années. Certaines écoles américaines, pour prévenir ce danger d'atrophie, ont même organisé des cours de développement sensoriel pour les jeunes enfants. En France, les travaux de Piaget ont démontré l'importance du développement sensoriel et des activités motrices dans l'éveil des facultés mentales de l'enfant. D'un autre côté, la pollution atmosphérique compromet gravement l'oxygénation du corps indispensable à la régulation de l'ensemble des fonctions physiologiques. On sait d'ores et déjà que la pollution est en grande partie responsable de la progression de certaines maladies comme le cancer ou l'hépatite autrefois moins répandues. Il faut également ajouter la suralimentation et le déséquilibre alimentaire ainsi que les excès d'alcool qui touchent particulièrement les Français. Face à ces nuisances multiples engendrées par le mode de vie actuel, les loisirs physiques constituent un remède indispensable. Souvent pratiqués en plein air, ils permettent une oxygénation et un développement du potentiel physique qui sont des facteurs primordiaux pour la santé et le bien-être. Bien entendu, ces loisirs physiques doivent être adaptés en fonction des prédispositions physiques et de l'entraînement de chacun. De la simple promenade dans les bois à un sport de compétition, il existe toute une gamme de loisirs physiques susceptibles de participer au développement harmonieux du corps et de l'esprit. Montaigne le disait déjà, l'un ne va pas sans l'autre. La pratique des loisirs physiques vaut non seulement par ses effets thérapeutiques, mais plus encore par son action préventive. Une telle pratique, quand elle est suffisamment régulière et intensive, dissuade des excès. Un sportif, par exemple, s'efforce de respecter une hygiène alimentaire, ses propres rythmes physiologiques, pour conserver une bonne condition physique qui lui permettra d'apprécier d'autant mieux le sport qu'il pratique. Les études du ministère de la Santé ont montré que la pratique régulière d'un sport diminuait considérablement les risques d'être victime de certaines maladies. Les sportifs sont en moyenne trois fois moins atteints par des maladies cardio-vasculaires (1), ils sont aussi

(1) Les maladies cardio-vasculaires constituent le premier facteur de mortalité en France.

moins sujets aux maladies respiratoires et, d'une manière générale, les phénomènes de dégénérescence cellulaire se manifestent beaucoup plus tard dans leur cycle de vie. L'importance du loisir dans le rétablissement de la santé commence à être perçue dans les milieux médicaux. Certains centres hospitaliers mettent à la disposition de leurs malades des installations légères de loisir : salles de jeux, de rééducation fonctionnelle et physique, etc. Les cures thermales, par exemple, allient très étroitement un traitement proprement médical avec des activités de loisir.

Enfin, on ne saurait oublier qu'en France l'action publique en faveur du sport et des loisirs est née de préoccupations en matière de santé et d'hygiène. En 1936, le premier secrétariat d'Etat chargé de ces problèmes était sous l'autorité directe du ministère de la Santé. Les répercussions des premières lois sociales en faveur du loisir et des sports (congés payés, création d'équipements sportifs) ont dépassé les résultats espérés. Les conditions d'hygiène et de santé se sont rapidement améliorées durant cette période. On n'a d'ailleurs jamais retrouvé depuis un mouvement d'une telle importance visant à promouvoir la santé par le sport. Certains pays, tout particulièrement les pays scandinaves, ont poursuivi cet effort. Chaque année, de grandes campagnes télévisées sont programmées pour inciter chacun à pratiquer un sport et préserver son bon état de santé. Chaque année sont organisées de grandes « courses du cœur » qui réunissent une foule considérable de personnes de tous âges et de toutes conditions. Compte tenu du succès remporté par ces initiatives, le mouvement ne fait que s'amplifier. Les Scandinaves ont compris depuis longtemps que l'action préventive du loisir sportif permettait, à terme, de sérieuses économies sur le budget de la Sécurité sociale. Il est vrai que la tradition sportive est beaucoup plus profondément enracinée dans les sociétés scandinaves qu'en France. Cet exemple reste à méditer, n'est-il pas un des secrets de la plus grande longévité des populations nordiques ?

## III. — La fonction économique du loisir

L'extension des loisirs ne pourrait se comprendre si l'on oubliait la fonction majeure qu'ils remplissent désormais dans le système économique. On n'a que trop tendance à expliquer le loisir par opposition au travail et à l'exclure arbitrairement du cycle production-consommation. L' « industrie » des loisirs est un maillon fort dans les économies occidentales, son rôle est déjà déterminant dans le processus de croissance et le sera demain plus encore. Cette importance du loisir résulte d'une longue évolution dont on peut retracer les principales étapes.

**Evolution de la fonction économique du loisir.** — Pendant longtemps, le loisir a été considéré comme nuisible au développement des forces productives. Il est jugé improductif, car le temps de loisir est toujours un temps pris sur la production. Il détourne une partie de la force de travail vers des activités qui ne concourent pas directement au développement économique. Pire encore, le loisir incite à la consommation, il est source d'excès et de gaspillages. Il s'oppose donc à l'épargne nécessaire à l'accumulation du capital. Il détruit aussi vite ce qui a été produit, interdisant l'élargissement du processus de production capitaliste. Sa fonction est littéralement anti-économique. C'est du moins la conception qu'en avait la grande majorité des économistes du XIX^e siècle. Cette conception se comprend à une époque où il s'agissait avant tout de créer un potentiel productif inexistant. Le décollage industriel supposait une phase d'accumulation du capital fondée sur un travail intensif, car la productivité était réduite, et sur une faible rémunération de ce travail afin de dégager une forte plus-value favorisant l'investissement. A partir de cette logique de l'accumulation, le loisir était doublement proscrit : comme temps improductif, comme consommation superflue. Cette conception n'est pas totalement abandonnée de nos jours. Le loisir se heurte toujours à l'éthique du travail héritière de la morale puritaine. Il représente toujours un temps soustrait au temps de travail. Le loisir est encore un peu considéré comme un gaspillage de temps et d'argent, alors même qu'il est devenu un moteur important de l'économie.

Avec la réduction du temps de travail, la promulgation des premières lois sociales en faveur du loisir, il est apparu que le loisir pouvait avoir une utilité économique. L'augmentation du temps libre signifie un temps de repos supérieur pour le travailleur. Ainsi peut-il reconstituer dans les meilleures conditions sa force de travail et être plus productif. Ce temps libre peut également servir à une amélioration des aptitudes et qualifications professionnelles du travailleur. C'est donc non seulement une récupération, mais un élargissement de la force de travail qui peut résulter du temps libre. Cette thèse a été particulièrement soutenue dans les pays de l'Est, puisque nous avons vu que, par le biais d'activités de loisir plus ou moins imposées, le travailleur était incité à compléter sa formation professionnelle. Il était donc prouvé que loisir et travail ne s'excluaient pas obligatoirement, et qu'une réduction du temps de travail n'impliquait pas une diminution proportionnelle de la production, l'amélioration de la productivité venant compenser ce manque à produire. Ensuite, et c'est là un facteur plus décisif encore, le passage à une société de consommation a rendu indispensable la libération d'un temps disponible pour cette consommation. La croissance économique nécessite que le producteur soit de plus en plus un consommateur pour absorber des biens sans cesse plus nombreux. Ainsi le temps de loisir est-il également un temps de consommation, de cette façon, il stimule le développement des forces productives. La plupart des biens de consommation produits servent directement ou indirectement aux loisirs. La consommation alimentaire, par exemple, est une nécessité, mais elle peut également être considérée comme un loisir, particulièrement en France où les repas sont un moment important dans les loisirs. Une étude comparative sur le temps consacré aux repas a révélé que les Français passaient 1,7 heure à table en moyenne journalière contre 1,2 heure aux Etats-Unis et 0,8 heure dans les pays de l'Est. Citons également la voiture, les équipements sportifs, l'électroménager, les infrastructures touristiques, etc. Les industries de loisir poursuivent un développement accéléré et nous sommes bien loin d'un seuil de saturation quelconque. De nouveaux sports voient le jour et entraînent l'achat d'équipements spécifiques (planche à roulettes, planche à voile, etc.). D'autres se perfectionnent rapidement, comme le ski, et réclament de nouvelles dépenses pour les pratiquer dans les meilleures conditions. L'essor prodigieux des appareils photo ou des chaînes haute fidélité est un autre exemple.

Les récentes découvertes dans le domaine de l'électronique ou de la mini-informatique ouvrent d'immenses marchés pour le loisir. Il est intéressant de détailler quelques-uns des principaux postes de dépense des Français en matière de loisir.

**Les dépenses de loisir des Français.** — Il convient d'abord de distinguer les dépenses directes des Français pour les loisirs qui constituent les dépenses des particuliers (ou des ménages) et les dépenses indirectes qui sont le fait des collectivités publiques. Les dépenses des particuliers représentent à peu près 94 % des dépenses totales contre 6 % en provenance des collectivités publiques. Suivant la nomenclature des loisirs retenus, les chiffres diffèrent, l'écart reste en toute hypothèse très important. Cet écart entre dépenses privées et publiques ne doit pas étonner et il ne fera probablement que s'amplifier, car la logique du système productif veut qu'avec l'élévation du niveau de vie la consommation se privatise. A. de Tocqueville remarquait déjà que la rentabilité du système économique conduisait à multiplier un bien de consommation en autant d'exemplaires qu'il était possible, et donc à favoriser l'acquisition privée au détriment des biens et équipements collectifs. Les loisirs n'échappent pas à cette règle. On notera à ce sujet que la « consommation » culturelle est de plus en plus privatisée (télévision, magnétoscope, etc.), et que les sports ont tendance à s'individualiser (ski, planche à voile, patins à roulettes).

En regroupant les dépenses de loisir à partir des trois fonctions que nous avons distinguées (détente, divertissement, développement), on obtient un poste assez hétéroclite dont les principales caractéristiques sont :

— une progression globale des dépenses de l'ordre de 6 % par an (en volume), soit un taux qui dépasse régulièrement le PNB ;
— une progression des dépenses particulièrement forte pour tous les appareils électroniques de loisir (télévisions, magnétoscopes, radios, Hifi, appareils photo, caméras, etc.), puisqu'elle dépasse 12 % par an ;
— une progression très significative également des matériels et équipements pour les loisirs de plein air avec un taux de plus de 13 % de croissance annuelle (matériels de camping, articles de sports, bateaux de plaisance, etc.) ;
— un budget culturel des ménages qui ne représente que 4 % du budget global des ménages.

Un autre poste très important dans le budget loisir est celui des transports et télécommunications. On estime que 60 % de ces dépenses sont imputables aux seules activités de loisir. Un troisième poste en rapide évolution concerne l'achat de résidences secondaires. On évalue à 18 % des dépenses globales de constructions la part correspondant aux réalisations de résidences secondaires.

Du côté des dépenses publiques, qui ne représentent, rappelons-le, que 6 % de l'ensemble des dépenses de loisirs du pays, la part de l'Etat est prépondérante. Elle constitue près de 60 % des dépenses publiques en matière de loisir et précède respectivement les dépenses des communes, des départements, des comités d'entreprise et des régions. De nombreux ministères financent des actions en faveur du loisir. C'est le cas du ministère du Travail, du ministère de la Santé ou de l'Agriculture. Mais ces dépenses sont naturellement inférieures à celles des deux ministères principalement concernés : le ministère de la Jeunesse et des Sports, et celui de la Culture. Toutefois les budgets de ces deux ministères réunis totalisent à peine 2 % du budget global de l'Etat, en dépit d'une très forte progression du budget de la Culture qui a atteint la barre du 1 % du budget global. D'une manière générale on assiste à un transfert de charges de l'Etat sur les collectivités locales dans la plupart des secteurs concernant les activités de loisir. Ces transferts de charges ne sont pas encore assortis de transferts de ressources correspondantes, mais l'évolution va dans le sens d'une décentralisation qui renforcera l'action des collectivités locales et désengagera l'Etat.

**Le loisir : consommation ou aliénation ?** — D'une certaine façon, le loisir est avant tout une activité de consommation. A ce titre il est parfaitement intégré au système économique dont il est un puissant support. Cette consommation de biens de loisir n'est-elle pas source d'aliénation ? Le loisir n'est-il pas d'abord une consommation de marchandises de toutes sortes avant d'être un temps libre pour le repos et la détente ? L'évolution des pratiques de loisir montre que les Français sont de plus en plus attirés vers des activités très sophistiquées et gadgétisées. La consommation de marchandises (équipements électroniques par exemple) paraît maintenant indissociable des loisirs modernes. La civilisation du loisir est aussi une civilisation du gadget. La pression publicitaire, la faible part de créativité et d'investissement personnel favorisent cette gadgétisation des loisirs. La consommation de loisirs tourne à l'aliénation quand la part de réalisation et d'épanouissement personnel devient accessoire, quand le temps de loisir se réduit à une accumulation d'objets qui parfois ne sont jamais utilisés, quand le plaisir provient plus de l'acquisition que de l'utilisation effective de l'objet ou de l'équipement de loisir.

Cette tendance à la réduction du loisir à une

simple consommation existe. Elle a été maintes fois dénoncée par ceux-là mêmes qui avaient espéré que l'augmentation du temps de loisir permettrait une libération de l'homme de la société productiviste axée sur la consommation.

Il ne faudrait pas toutefois l'exagérer, sous peine de refuser tous les progrès technologiques qui ont une incidence sur les activités de loisir.

L'automobile, par exemple, est à bien des égards une source d'aliénation ; mais comment ne pas voir qu'elle a été à l'origine d'un développement prodigieux du loisir (week-end, vacances, tourisme). Il y a là un problème de mesure et d'équilibre lié à tout développement économique.

Le loisir moderne, et c'est heureux, n'est pas toujours soumis au principe de consommation. Il n'a pas que des fonctions positives par rapport au système économique. Sous certains aspects il s'oppose au productivisme dominant. Le loisir suppose le temps libre. L'extension des activités de loisir demande plus de temps libre encore, d'où les fortes pressions pour obtenir une réduction du temps de travail. Une réduction significative du temps de travail ne serait pas immédiatement compensée par un gain de productivité équivalent. Le niveau de production s'en trouverait affecté d'autant.

De plus certaines activités de loisir sont assez peu coûteuses. Elles ne sont pas encore une source de profit pour les diverses industries de loisir. Se promener, aller à la pêche, jouer au football, lire un livre n'exigent pas d'investissements excessifs. Le développement très rapide des activités de plein air, le « retour » à la nature proviennent souvent d'un refus de loisirs artificiels et gadgétisés. Dans certains cas, le loisir peut s'opposer à la pression de la société de consommation.

La fonction économique du loisir est donc *ambivalente*. Le loisir, par les dépenses qu'il suscite, sert le système productif, il s'y oppose quand il se traduit par une simple jouissance du temps qui passe ou par des activités très peu onéreuses. Ces deux aspects coexistent dans le loisir. De leur évolution dépendra le loisir de demain. Ou il sera de plus en plus orienté vers la consommation, et dans ce cas la progression du temps libre sera faible, car nous resterons dans le cadre d'une société productiviste. Cette hypothèse est la plus vraisemblable à moyen terme pour deux raisons : d'une part, elle correspond aux évolutions récentes que l'on peut observer avec l'apparition de nouveaux équipements de loisir à dominante électronique, d'autre part, le maintien des inégalités sociales pérennise un système où chaque catégorie sociale cherche à accéder aux possibilités de loisir de la catégorie supérieure. Ou la croissance du temps libre sera considérée comme plus importante que la croissance de la consommation ; ce qui signifie à terme un changement assez radical puisque priorité serait accordée au mode de vie par rapport au niveau de vie.

## Chapitre III

# LES PRATIQUES DE LOISIR

Malgré la disparité d'activités, de lieux et de temps relatifs aux loisirs, il est possible de se faire une idée des pratiques de loisir les plus répandues en France, et de savoir comment elles se répartissent au sein des différentes catégories sociales. Se pose immédiatement un problème de classification de ces pratiques. Une répartition par fonction ne conviendrait pas puisque une activité de loisir est susceptible de remplir plusieurs fonctions. On peut adopter une répartition classique par genre de loisir en gardant à l'esprit que les frontières entre ces genres sont floues, et que c'est par facilité que l'on sépare les loisirs sociaux des loisirs culturels par exemple, puisque les uns et les autres participent au développement culturel comme à la socialisation.

On distinguera quatre grandes catégories d'activités de loisir : les loisirs physiques, les loisirs pratiques, les loisirs culturels, les loisirs sociaux.

## I. — Les loisirs physiques

De nombreuses activités de loisir visent à procurer une sensation de détente physique. Ces activités sont d'autant plus prisées que le mode de vie urbain a réduit les possibilités d'expression physique de l'individu. Les conditions de travail multiplient les facteurs de contrainte physique et de tension nerveuse. La détente physique est un moyen de défoulement privilégié.

Elle correspond à un besoin grandissant. Tout le monde pratique plus ou moins un loisir physique. A commencer par la promenade. C'est l'activité de détente physique la plus communément pratiquée, la plus facile à pratiquer aussi aux divers moments de la journée. Elle se combine parfois avec des obligations (démarches, courses) et s'apparente alors à un semi-loisir. Elle est souvent liée à la recherche d'espaces verts (parcs urbains) et au besoin de s'isoler de la foule, de la pollution et du bruit de la ville. C'est pourquoi de nombreuses municipalités, ayant compris que la promenade était une forme majeure de loisir urbain, s'efforcent de rendre les rues plus accueillantes, de créer des voies piétonnes, de réaliser des mails et de réserver des espaces verts facilement accessibles.

La promenade est aussi très souvent associée au besoin de plein air. Durant les week-ends, les sorties à la campagne ont pour but la promenade. La recherche d'espace, de calme, d'air pur et de détente physique s'associe naturellement à la promenade comme loisir physique. Pour un citadin sur trois, la promenade constitue le loisir principal du week-end.

Le loisir sportif est un stade supérieur de l'activité physique. Il réclame un effort physique plus intense et plus soutenu. Pourtant on ne saurait le confondre tout à fait avec l'activité sportive proprement dite. Il représente un stade intermédiaire entre la simple détente par la promenade et le sport au sens traditionnel. Il possède un certain nombre de caractéristiques spécifiques qui le différencie du sport au sens strict. Il n'est pas centré sur la recherche de la performance par la compétition ni sur le culte de l'effort. Il n'exige pas le respect de règles académiques ni un entraînement régulier et intensif. C'est plutôt une recherche de détente et de bien-être physique au travers d'activités sportives informelles et spontanées. Le loisir sportif se pratique en solitaire ou en famille, à la différence du sport qui est plutôt une activité de club. Il est le prétexte au contact avec la nature, à la découverte du milieu environnant. Par définition, il est très difficile d'évaluer le pourcentage de Français qui s'adonnent de temps à autre à un loisir sportif. Sa modulation en fonction des aptitudes physiques de chacun, la légèreté des infrastructures nécessaires, son caractère souvent familial en font un loisir parmi les plus populaires. C'est probablement le type de loisir qui a subi la plus forte évolution au cours des dernières années si l'on en croit les ventes d'articles de loisir sportif (survêtements, ballons, jeux de raquette, bicyclettes, etc.). La variété des loisirs sportifs est très grande puisqu'ils dépendent en partie de la spontanéité et de l'imagination de chacun. La marche, par exemple, est un loisir sportif assez pratiqué depuis l'ouverture des sentiers de grande randonnée dans des régions encore naturelles à l'écart des zones d'habitation et des routes. Le cyclotourisme s'est développé sur le même principe et rencontre chaque année de plus en plus d'amateurs. Les randonnées équestres, quoique moins répandues car elles exigent un minimum d'entraînement, profitent du même engouement. Certaines associations sensibles à ce mouvement proposent un forfait qui permet de combiner ces différents loisirs sportifs sur un parcours donné à travers la France. La course à pied, baptisée tour à tour cross-country, footing et maintenant jogging, connaît un essor sans précédent. Les espaces verts intra-urbains ou les bois à la périphérie des villes rassemblent en fin de journée ou durant le week-end les adeptes toujours plus nombreux de la course à pied. Les sorties du week-end s'accompagnent souvent de jeux sportifs. Durant l'été ces jeux sont à dominante aquatique, baignade, canotage, voile attirent de plus en plus les citadins sans distinction d'âge ou de catégorie sociale. Les jeux de ballon et de raquette font également partie de la panoplie des loisirs sportifs. De nouveaux loisirs sportifs qui nous viennent d'outre-Atlantique rencontrent un large écho en France. Il est d'ailleurs assez remarquable que cet essor du loisir sportif ait suscité l'apparition de nouveaux sports comme la planche à roulettes, la planche à voile, les nouveaux jeux de raquette comme le *paddair*. Avant d'être des sports « institutionnalisés » pris en compte par des fédérations et donnant lieu à des compétitions, ces activités ont d'abord été des loisirs sportifs non soumis à une discipline ou à des règles particulières. Ces loisirs sportifs ont en commun d'être aisément praticables par tous et de ne nécessiter qu'un équipement sommaire. La création d'espaces aménagés a bien entendu favorisé l'extension de ces loisirs. Qu'il s'agisse de simples terrains d'aventure, de bases de plein air et de loisirs, de centres de loisirs ou de circuits et parcours sportifs comme les CRAPA (1). Le besoin accru d'oxygénation et de plein air est indissociable du très rapide développement des loisirs sportifs.

Le sport proprement dit est un loisir beaucoup

(1) CRAPA : circuits rustiques d'activités physiques aménagés.

moins répandu. Nécessitant un investissement personnel plus important, des qualités physiques certaines, l'inscription dans un club et un entraînement méthodique et suivi, il ne s'adresse encore qu'à une minorité de Français. On estime que moins d'un Français sur deux pratique un sport, même de manière irrégulière. Ces résultats sont encore plus faibles si l'on ne considère que les adultes de plus de 25 ans. Incontestablement, l'entrée dans la vie professionnelle est un butoir au-delà duquel la pratique sportive décline rapidement. On ne s'étonnera pas que 90 % des étudiants et élèves de plus de 14 ans exercent une activité sportive puisqu'ils sont soumis à l'obligation scolaire. A l'autre extrémité, 1 % des personnes âgées de plus de 65 ans pratiquent régulièrement un sport. Les sports les plus communément pratiqués sont la natation, l'éducation physique, le football et l'athlétisme. Toutes les fédérations sportives enregistrent une progression du nombre de leurs adhérents. Le sport, au même titre que le loisir sportif, mais à une autre échelle, est aussi en rapide évolution, les deux phénomènes étant étroitement liés. Une mention particulière doit être faite pour les deux disciplines sportives qui progressent le plus rapidement en France : le ski et le tennis. La Fédération française de Tennis a recensé 610 000 adhérents dûment licenciés. Ce qui la place immédiatement après la Fédération française du Football, qui reste la première par le nombre de licenciés. Le développement du tennis est d'ailleurs un phénomène mondial puisque l'on estime à plus de 150 millions le nombre de joueurs à l'heure actuelle. Enfin on peut prévoir un rythme d'accélération de la pratique sportive d'autant plus important que le sport est une pratique cumulative. En effet les sportifs pratiquent en général plusieurs sports ; les sportifs très assidus, ceux qui font de la compétition, exercent en moyenne 1,7 sport, ceux qui le sont moins s'adonnent à 2,5 sports en moyenne.

Les activités sportives sont très liées aux vacances. Période privilégiée du loisir, les vacances en sont un peu le symbole. Pourtant le taux de départ en vacances des Français étant inférieur à 60 %, une grande partie des familles françaises ne quitte donc pas leur lieu de résidence à l'occasion des congés. Le tourisme n'est pas encore une activité de loisir qui s'est généralisée malgré une nette progression des taux de départ, puisqu'en 1965 seulement 43 % des Français partaient en vacances. Toutefois les effets de la crise économique tendent à diminuer le rythme de progression du taux de départ. De plus, les vacanciers partent moins longtemps et moins loin. Les principaux facteurs explicatifs des départs en vacances sont le degré d'urbanisation, l'âge, la catégorie socioprofessionnelle. On a d'autant plus de chances de partir en vacances si l'on est jeune, résidant dans une grande ville et d'une catégorie socioprofessionnelle supérieure. En 1985, 40 % des habitants des communes rurales sont partis, contre 83 % des Parisiens ; 91 % des cadres supérieurs et professions libérales contre 52 % des ouvriers et 22 % des agriculteurs (1) ; 64 % des jeunes de 25 à 29 ans contre 32 % de plus de 70 ans.

## II. — Les loisirs pratiques

Les loisirs pratiques englobent toutes les activités utilitaires qui nécessitent une réalisation concrète

(1) Ce taux très faible s'explique autant par la difficulté des agriculteurs à s'absenter de leur exploitation et par un moindre besoin de changement d'air, que par des considérations de revenus.

et un travail manuel quelconque. C'est le cas du bricolage, du jardinage, des travaux de peinture, etc. Le caractère utilitaire de ces activités permet-il de les considérer comme des pratiques de loisir ? Même si elles n'ont pas le côté aussi gratuit des loisirs physiques, les activités pratiques interviennent pendant le temps de loisir, elles ne sont pas imposées, et leur utilité est souvent un prétexte pour s'adonner à une occupation que l'on considère comme un loisir. Au reste, il n'y a pas de contradictions entre utilité et loisir car tous les loisirs ont leur utilité à un titre ou un autre. Nous avons souligné l' « utilité » pratique mais aussi psychologique du bricolage par exemple qui permet, par opposition à un travail uniforme et parcellisé, de concevoir et de réaliser un travail de bout en bout. Certains travaux de bricolage supposent même une part de créativité, voire de sens esthétique : fabrication d'un meuble, décoration d'intérieur, etc. La recherche d'une détente physique est également présente dans certains loisirs pratiques comme le jardinage ou les petits travaux de construction. Les loisirs pratiques sont largement répandus dans toutes les couches de la population sans distinction d'âge ou d'origine sociale. Les retraités et inactifs s'adonnent particulièrement à ce genre de loisirs. Cependant les différents types de loisirs pratiques font apparaître de très nets clivages entre les sexes. Autant les travaux de bricolage, de construction, de jardinage sont fortement masculinisés, autant les travaux d'intérieur comme la cuisine ou la couture sont à dominante féminine.

A l'instar des loisirs physiques, les loisirs pratiques sont en rapide progression. En effet, ils sont pour la plupart liés à l'habitat ; la croissance de l'habitat pavillonnaire et des résidences secondaires entraîne un développement considérable de toutes les formes de loisir pratique. Le manque d'artisans et les coûts élevés des travaux et réparations incitent également les particuliers à réaliser de plus en plus de travaux eux-mêmes. Prenant exemple sur les Etats-Unis et sur la mode du *Do it yourself*, les grands magasins proposent un outillage très complet qui permet aux amateurs d'un week-end de jouer les professionnels. En 1973, 38 % des ménages français possédaient une perceuse électrique, ils sont 52 % en 1988, évolution assez remarquable.

## III. — Les loisirs culturels

Les loisirs culturels compris comme pratiques culturelles sont fondamentaux dans le développement et l'épanouissement de la personnalité. Ils sont essentiels à la compréhension du milieu environnant, à une bonne insertion sociale et au développement du sens artistique facteur de réalisation personnelle. Hormis la télévision ou la radio dont le caractère culturel est parfois discutable, les loisirs culturels sont très peu développés. Ils sont surtout très inégalement répartis au sein de la population et font apparaître, beaucoup plus nettement que dans les autres formes de loisir, des inégalités de pratique très profondes entre les diverses catégories sociales. Les loisirs culturels dans leur grande majorité restent l'apanage d'une faible minorité de Français. La télévision et la radio font exception. Le taux d'équipement des ménages en récepteurs de télévision est de 96 %, pourcentage qui est considéré comme le seuil de saturation ; 86 % des ménages possèdent un récepteur couleur. La télévision est incontestablement le loisir numéro un des Français, autant par le temps qui lui est consacré que par l'importance qui lui est accordée. Les loisirs familiaux s'ordonnent en grande partie en fonction des programmes télévisés. En moyenne, les Français regardent la télévision vingt heures par semaine. Mais 16 % d'entre eux y consacrent plus de trente heures hebdomadaires. Les retraités et inactifs sont bien entendu les téléspectateurs les plus assidus avec une durée moyenne d'écoute supérieure à vingt heures. A l'opposé, professions libérales et cadres supérieurs passent seulement dix heures en moyenne devant le petit écran.

**Durée d'écoute de la télévision par semaine**
(durée moyenne)

| | | |
|---|---|---|
| Ensemble | 20 | heures |
| Agriculteurs | 17 | — |
| Artisans, commerçants et chefs d'entreprises | 15 | — |
| Cadres et professions intellectuelles supérieures | 12 | — |
| Professions intermédiaires | 16 | — |
| Employés | 20 | — |
| Ouvriers qualifiés | 21 | — |
| Ouvriers non qualifiés, agricoles | 21 | — |
| Etudiants, élèves | 16 | — |
| Femmes au foyer | 25 | — |
| Retraités | 25 | — |
| Autres inactifs | 25 | — |

Source : *Pratiques culturelles des Français*, 1989.

Ainsi la télévision est-elle un des seuls loisirs où l'assiduité est inversement proportionnelle à la place occupée dans la hiérarchie sociale. Elle est la source principale de loisirs culturels des catégories sociales les plus défavorisées ; les couches sociales supérieures font preuve d'une plus grande sélectivité dans le choix des émissions et d'un comportement plus varié dans leurs pratiques culturelles. Le temps consacré à la télévision augmente régulièrement et l'on peut penser que cette évolution va se poursuivre et même s'accélérer en raison des progrès technologiques (TV couleur, possibilité de capter un nombre supérieur de programmes) et des utilisations connexes du récepteur de télévision (jeux télévisuels, magnétoscope, branchement sur des banques de données, etc.). Comme le prédisait Mac Luhan, nous ne sommes encore qu'à l'aube des transformations induites par la télévision, qui deviendra de plus en plus la médiatrice de nos loisirs.

Avec la prépondérance du média télévision, l'intensité d'écoute de la radio a baissé, mais non sa fréquence. On écoute aussi souvent la radio mais moins longtemps. Il n'y a pas eu substitution d'un média à l'autre. La radio reste très présente durant le temps de loisir car son utilisation est beaucoup plus souple que la télévision en raison de sa diffusion permanente et de sa plus grande miniaturisation. D'ailleurs 75 % des Français déclarent l'écouter tous les jours ou presque. Contrairement à la télévision, l'écoute de la radio peut s'accompagner d'une autre activité, comme la conduite automobile ; les ventes d'autoradio ont d'ailleurs décuplé au cours des dernières années. Rarement au premier plan, la radio est presque toujours présente dans les activités de loisir. L'audience de la radio est plus forte chez les jeunes et décroît régulièrement avec l'âge. Pour les adolescents en particulier, la radio est un moyen d'indépendance par rapport au milieu familial et une manière de vivre ses propres loisirs. En soirée, les émissions de radio sont d'ailleurs principalement destinées aux jeunes.

Avec la lecture, on entre dans le domaine des pratiques culturelles moins populaires et plus fortement corrélées avec la catégorie socioprofessionnelle et le niveau d'instruction. Moins d'un Français sur deux seulement lit un quotidien d'information régulièrement tous les jours ; 28 % n'en lisent jamais. Résultats sensiblement inférieurs à ceux enregistrés par la presse anglo-saxonne ou scandinave. La concurrence des moyens d'information audio-visuels a sûrement eu des effets négatifs sur la lecture de la presse. Il faut cependant distinguer la presse quotidienne de la presse écrite en général. Si la presse quotidienne, et en particulier la presse nationale, est plutôt en régression, la presse périodique accuse au contraire une très nette progression ; 84 % des Français lisent un magazine ou une revue périodique régulièrement ou de temps en temps. En conséquence, l'audio-visuel a porté un coup à la presse quotidienne mais il ne tend pas pour autant à se substituer à la presse écrite en général. La plus grande spécialisation de la presse écrite, son plus grand recul par rapport à l'actualité lui confèrent au contraire une certaine complémentarité avec les autres médias. Complémentarité qui peut se traduire de la façon suivante : la radio annonce, la télévision montre, la presse explique. Ainsi a-t-on constaté que la télévision pouvait avoir des effets positifs sur la lecture. Parce qu'elle contribue à élever le niveau culturel général des Français, parce qu'elle suscite des sujets d'intérêts qui sont ultérieurement approfondis par la lecture. Le temps consacré aux différents médias diffère en fonction des catégories socioprofessionnelles. Les cadres regardent moins longtemps la télévision mais ils lisent beaucoup plus.

Des clivages encore plus tranchés apparaissent si l'on s'en tient à la seule lecture de livres. La lecture d'un livre est un loisir culturel très mal partagé. Ou on lit beaucoup, on on ne lit pas du tout ou presque. D'un côté 50 % des Français déclarant lire peu ou pas du tout de livres, de l'autre, 16 % déclarent lire beaucoup. Cette extrême disparité de comportement est évidemment très dépendante du niveau d'instruction.

**Livres lus au cours des douze derniers mois selon le niveau d'instruction**
(en %)

| | *0* | *1 à 4* | *5 à 9* | *10 à 19* | *20 à 49* | *50 et plus* |
|---|---|---|---|---|---|---|
| Aucun diplôme, CEP | 38 | 20 | 10 | 13 | 11 | 6 |
| BEPC | 14 | 19 | 15 | 24 | 18 | 10 |
| CAP | 24 | 26 | 15 | 17 | 10 | 8 |
| BAC et équivalent | 9 | 12 | 14 | 27 | 25 | 13 |
| Etudes supérieures | 4 | 11 | 10 | 24 | 31 | 20 |

Source : *Pratiques culturelles des Français*, 1989.

Des écarts significatifs sont à relever également en fonction de l'âge. Plus on est jeune, plus on a tendance à lire, ce qui s'explique fort bien par l'influence directe de la scolarité. Puis la lecture décroît régulièrement avec l'âge comme si l'habitude de lire se perdait progressivement. Le temps de la retraite n'a pas l'influence positive qu'on aurait pu attendre puisque c'est au-delà de 60 ans que le taux de lecture est le plus faible.

Assister à un spectacle (cinéma, théâtre, concert) est considéré comme le loisir culturel par excellence. C'est la pratique culturelle la plus valorisée socialement. Elle suppose une motivation culturelle suffisante pour se déplacer à l'extérieur en soirée. Elle exige aussi une information suffisante sur les

**Fréquentation du cinéma dans les douze derniers mois**
(en %)

| *Au cours des 12 derniers mois* | *Une fois ou deux* | *3 à 10 fois* | *11 à 20 fois* | *21 fois et plus* |
|---|---|---|---|---|
| 49 | 23 | 45 | 15 | 17 |

Source : *Pratiques culturelles des Français*, 1989.

différents spectacles pour être à même de choisir. Elle s'oppose d'une certaine manière aux pratiques culturelles à domicile plus passives, comme la télévision qui impose ses programmes sans laisser beaucoup de liberté de choix. C'est donc une démarche active qui est le signe d'un intérêt

**Fréquentation du cinéma suivant la taille de l'agglomération**
(en %)

| | *Communes rurales* | *Moins de 20 000 hab.* | *De 20 000 à 100 000 hab.* | *Plus de 100 000 hab.* | *Paris intra-muros* | *Reste de l'agglomération parisienne* |
|---|---|---|---|---|---|---|
| Au moins 1 fois au cours des 12 derniers mois | 33 | 45 | 47 | 55 | 81 | 69 |

Source : *Pratiques culturelles des Français*, 1989.

culturel particulier et d'une affirmation personnelle. Le spectacle culturel est également valorisé dans les différentes pratiques culturelles parce qu'il reste un fait très minoritaire et un loisir élitaire. La fréquentation des spectacles est en effet fortement influencée par la catégorie socioprofessionnelle et le niveau d'instruction.

« L'obstacle » culturel est ici particulièrement évident puisque la très grande majorité des Français n'assiste jamais à aucun spectacle. Il n'est pas le seul, les communes rurales et les villes petites ou moyennes n'offrent pas les mêmes opportunités de sorties culturelles que les grandes villes. Les Parisiens sont de ce point de vue très privilégiés et sortent en moyenne beaucoup plus souvent que le reste de la population. Enfin la multiplication des loisirs culturels à domicile est un frein supplémentaire aux déplacements à l'extérieur. Comme nous l'avons déjà signalé à l'occasion des autres formes de loisir, les loisirs culturels sont de plus en plus vécus de manière individuelle ou familiale, au détriment d'une participation collective aux spectacles.

C'est le cinéma qui a probablement le plus souffert de l'extension des loisirs culturels individualisés comme la télévision. Considéré traditionnellement comme un art populaire, le « septième art » est bien loin de faire recette auprès de toutes les catégories de la population. Plus de la moitié des Français ne vont presque jamais au cinéma, comme en témoigne le tableau page 94.

La fréquentation des spectacles culturels autres que le cinéma est encore plus faible et présente des contrastes encore plus flagrants entre les différentes couches de la société. Aller au théâtre, assister à un concert ou à un spectacle de variétés revêt un caractère exceptionnel pour l'immense majorité des Français. Seule une minorité cultivée, au sens classique du terme, participe régulièrement à ces manifestations. Elles occupent en conséquence une part marginale dans le temps consacré aux loisirs culturels. Ce qui ne prouve pas une indifférence générale à l'égard de ces spectacles puisque ceux qui sont retransmis à la télévision bénéficient parfois d'un bon taux d'écoute. Ainsi 17 % des téléspectateurs déclarent regarder souvent les pièces de théâtre, 8 % les concerts de musique classique, 36 % les spectacles de variétés. Faut-il dans ce cas parler plutôt d'un public « captif » de la télévision ou d'un public réellement motivé par ces émissions ? Toujours est-il que l'intérêt de ce public n'est pas assez fort pour l'entraîner à vivre le spectacle dans sa réalité, comme le démontre le tableau suivant.

**Fréquentation des spectacles de théâtre, de musique classique, d'opéra, de music-hall-variétés, de rock**

(en %)

| | *Au moins une fois dans leur vie* | *Au moins une fois au cours des douze derniers mois* | *Fréquence moyenne* |
|---|---|---|---|
| Théâtre | 45 | 14 | 3 |
| Musique classique | 29 | 9 | 4 |
| Opéra | 18 | 3 | 3 |
| Music-hall-variétés | 43 | 10 | 2 |
| Rock | 25 | 10 | 4 |

Source : *Pratiques culturelles des Français*, 1989.

## IV. — Les loisirs sociaux

Les loisirs sociaux comprennent tous les loisirs dans lesquels l'activité relationnelle prédomine. Ils peuvent bien sûr se cumuler avec une activité secondaire : prendre un verre au café, aller au restaurant, etc. Nous avons vu que le temps de loisir était primordial pour la socialisation de l'individu souvent livré à la solitude. C'est bien sûr la vie familiale qui constitue le lieu naturel des échanges relationnels et affectifs. Elle est d'autant plus privilégiée que sont ressenties les agressions multiples du monde extérieur. C'est la valeur refuge dans une société où les contacts sociaux sont devenus impersonnels. La discussion, l'éducation des enfants sont des activités familiales quotidiennes qui occupent la plus grande part des loisirs sociaux. Mais le développement de la socialisation exige d'aller au-delà du cercle familial, de rechercher de nouveaux contacts indispensables à l'équilibre psychologique et affectif. Or, ces loisirs sociaux extra-familiaux sont au total assez rares. Le principal motif de sortie reste la réunion familiale. Les Français sont centrés sur leur vie familiale et ils ont une vie sociale très réduite. Les cafés sont considérés comme des lieux de socialisation typiquement français. Ils servent de cadre à la rencontre entre amis, à la discussion, à des jeux de cartes ou au billard électrique. On s'y rend facilement à l'heure du déjeuner ou au moment d'une pause dans le travail. Durant le week-end certains cafés PMU sont des lieux d'effervescence intense. L'animation qui y règne est de nature à faciliter les contacts. Cette fonction de socialisation du café apparaît toutefois moins évidente dans les très grandes villes. Les cafés sont plus des points de rendez-vous que des lieux de rencontre des habitués. L'anonymat est plus grand car il y a peu de chance d'y rencontrer des personnes de connaissance. Mais le fait d'être assis seul à une terrasse de café peut être considéré comme un acte de socialisation, dans la mesure où il correspond à un désir, même passif, de participation à la vie sociale. Voir et être vu sont des actes sociaux importants même s'ils restent peu gratifiants pour l'individu. Cependant, malgré le nombre très important de cafés en France, car il n'existe pas de petit bourg ou de hameau qui n'ait pas son café, on ne saurait exagérer son importance dans les loisirs sociaux des Français. En effet plus de 70 % d'entre eux déclarent ne jamais aller ou presque au café. Un autre indice de socialisation est fourni par la participation à une association ou à un groupement quelconque. La participation collective à une même activité de loisir permet le développement de relations sociales qui dépassent très souvent l'objet de l'association. Autrement dit on y adhère souvent autant pour nouer de nouvelles amitiés que pour pratiquer une activité de loisir spécifique. L'association permet en outre de jouer un rôle social vis-à-vis de la collectivité, d'exercer des responsabilités qui sont autant de facteurs d'ouverture vers le monde extérieur et d'intégration à la vie sociale dans son ensemble. Les membres actifs d'associations ont en général une personnalité plus extravertie, plus à l'écoute des autres. D'ailleurs la participation active à une association incite par contagion à s'intéresser à d'autres activités associatives. Ici également les loisirs associatifs engendrent une pratique cumulative. Ce sont les mêmes personnes que l'on retrouve dans diverses associations. Ainsi, d'un côté, y a-t-il des personnes très actives socialement et, de l'autre, la majorité, celles qui sont en retrait de toute participation à la vie de la communauté. Malgré le nombre important d'associations et leur extrême variété, depuis l'association de quartier jusqu'à la grande association nationale, 38 % seulement des Français adhèrent à une association quelconque. Ce pourcentage est très inférieur à celui des pays anglo-saxons, où la tradition associative est beaucoup plus forte et l'individualisme moins marqué. 18 % des Français participent à une association à dominante sportive, 13 % à une association culturelle ou artistique, enfin 16 % appartiennent à des groupements divers.

Encore faut-il préciser que 25 % seulement participent d'une manière régulière aux activités proposées par leur association.

Les loisirs sociaux, en dehors de la vie familiale, occupent donc une place réduite dans le comportement de loisir des Français.

Néanmoins on peut penser qu'avec l'extension des pouvoirs des collectivités locales les associations verront leur influence s'accroître et attireront de cette manière de nouveaux participants.

## Chapitre IV

# LA POLITIQUE DES LOISIRS

La politique des loisirs n'existe pas. Si l'on entend par politique un ensemble de moyens coordonnés inscrit dans une stratégie globale en vue d'une finalité précise, la politique des loisirs n'existe pas en France. Par contre une série de politiques sectorielles et d'actions en faveur du loisir ont été mises en place. Actions en faveur du sport à l'école et du sport de haut niveau, actions visant à la diffusion de la culture, actions pour le développement du potentiel touristique, etc.

Sans juger de l'efficacité de ces différentes actions, il est évident, et sans doute inévitable, que ces actions ne couvrent pas l'intégralité des pratiques de loisir ou les couvrent mal. Plusieurs raisons expliquent ces lacunes apparentes et l'absence de politique des loisirs. Premièrement les actions entreprises par les pouvoirs publics restent assez mal coordonnées. Conscient de cette difficulté, le gouvernement issu des élections de mai 1981 a créé un tout nouveau ministère, celui du Temps libre. Il s'efforce à partir de ses objectifs propres — aménagement du temps, promotion de la vie associative, développement du tourisme et de l'animation — de parvenir à une coordination interministérielle. La grande diversité des pratiques de loisir rend cette coordination très malaisée. Deuxièmement certains loisirs relèvent de la stricte initiative individuelle et il serait peu souhaitable que l'Etat intervienne de quelque manière que ce soit. Enfin une très large part des loisirs dépend uniquement du secteur privé et elle est soumise à la loi du marché, de l'offre et de la demande. La tendance à la commercialisation croissante des loisirs réduit progressivement l'intervention directe des pouvoirs publics. C'est pourquoi l'action de l'Etat en direction des loisirs reste assez marginale ; rappelons que les dépenses des pouvoirs publics pour les loisirs ne représentent que 6 % des dépenses globales de loisir dans la PIB. Mais le développement des loisirs n'aurait pas été possible sans que fût pensée à son origine une politique ouvrant la voie à une généralisation des loisirs.

## I. — 1936 : naissance d'une politique

1936 représente un peu l'acte de naissance des loisirs en France. Car pour la première fois les loisirs, réservés jusqu'alors à une minorité de privilégiés, font l'objet d'une politique d'ensemble qui les rend accessibles à tous. Les accords passés entre le gouvernement et les syndicats, dits accords Matignon, sont à l'origine de lois sociales fondamentales pour le développement des loisirs.

Citons la réduction de la durée hebdomadaire de travail à 40 heures, seuil qui n'a pas été abaissé mais au contraire dépassé dans les décennies suivantes ; l'attribution de congés payés d'une durée de douze jours ouvrables, la réduction sur les tarifs de chemin de fer. Ces lois ont servi de cadre à l'essor des loisirs. Mais elles seraient restées des cadres vides si, parallèlement, n'avaient pas été mises en place les possibilités d'utiliser ce temps nouvellement libéré par des loisirs actifs. On confie à Léo Lagrange le premier sous-secrétariat d'Etat chargé des Sports et des Loisirs dépendant du ministère de la Santé. Pour bien marquer la priorité accordée à une politique des loisirs, un comité interministériel est chargé d'en assurer le suivi. Les principaux axes de cette politique furent le développement du sport, du tourisme et les tentatives de diffusion d'une culture populaire. La promotion du sport s'inscrit dans une politique globale de la santé et des activités de plein air. Afin de démocratiser la pratique du sport, de nombreux équipements sportifs publics sont réalisés. 253 projets d'équipement sont subventionnés, 96 terrains de jeux sont aménagés, 62 stades de grande capacité sont implantés ainsi qu'un stade entièrement couvert, 39 piscines sont construites ainsi que 22 gymnases, 15 terrains d'athlétisme sont ouverts et enfin 4 stations populaires de sports d'hiver sont accessibles dans des conditions assez modiques. Un tel catalogue donne une idée de l'ampleur de l'effort consenti en faveur du loisir qui apparaissait comme le plus immédiatement populaire : le sport. Développement du sport scolaire également puisque les pouvoirs publics prévoient que des espaces récréatifs devront être réservés dans les établissements scolaires pour faciliter les jeux sportifs. Les congés payés et surtout les billets de chemin de fer à tarif réduit, de 30 % pour les particuliers et de 50 % pour les groupes, provoquent le premier rush des vacances d'été et l'annonce d'un tourisme populaire. Nombreux sont les salariés qui quittent pour la première fois l'endroit où ils ont toujours vécu et travaillé. On rend visite à des parents ou amis que l'on n'avait pas vus depuis longtemps, on découvre la mer ou la montagne. Il est difficile à présent de se représenter la véritable révolution provoquée par ce droit aux vacances pour ceux qui ne les avaient jamais connues. Mais les infrastructures touristiques sont encore rares et toujours très chères. Les syndicats s'efforcent de trouver des formules collectives de vacances à des prix abordables. Des associations comme l' « Association pour le Tourisme populaire » se créent pour répondre à cette explosion des loisirs touristiques. Ce sont les jeunes qui partent le plus facilement car il existe depuis longtemps des mouvements de jeunesse importants. Le mouvement des Auberges de Jeunesse créé par Marc Sangnier prend une nouvelle dimension. Le nombre d'Auberges de Jeunesse passe de 250 à 400. Ce sont de véritables maisons de jeunes avant la lettre qui permettent tout à la fois de voyager, de faire du sport, de rencontrer d'autres jeunes venus de tous les horizons y compris de l'étranger.

Le loisir n'exclut pas le culturel. C'est au contraire une vision globale du loisir que défend le gouvernement de cette époque.

Se libérer des cloisonnements entre les différents genres de loisir, car ils sont des facteurs de ségrégation, tel est l'objectif. Le loisir doit permettre de supprimer ces clivages artificiels entre les loisirs culturels d'un côté, les loisirs physiques de l'autre pour les réunir dans une seule et même culture populaire qui bannisse les exclusives et les jugements de valeur sur telle ou telle activité de loisir. Vaste projet, sans doute trop ambitieux compte tenu de la conjoncture du moment. Malgré toutes les tentatives, les loisirs culturels n'ont pas connu un succès comparable aux loisirs sportifs ou de plein air plus facilement accessibles. Les clubs de loisir qui sont fondés à cette occasion proposent une série d'activités culturelles depuis la bibliothèque jusqu'à l'expression théâtrale, mais ils ne parviennent pas aux résultats escomptés. L'approche de la guerre et les changements politiques mettent un terme à cette expérience. 1936 reste un symbole attaché aux loisirs. Symbole d'une politique d'envergure et d'un projet cohérent pour promouvoir le loisir sous toutes ses formes et à l'usage de tous. C'est ce symbole, marque d'une politique, que le gouvernement de mai 1981 a cherché à faire revivre en créant un ministère du Temps libre.

## II. — Les actions de l'Etat

Les actions sociales de l'Etat sur les loisirs sont de nos jours plus limitées. Parce qu'une large part de ces actions incombe désormais aux collectivités locales, principalement aux communes, et parce que de nombreuses activités de loisirs sont soumises au secteur privé, aux « industries » du loisir. Pour l'essentiel, l'action de l'Etat vise à préserver et aménager un cadre favorable aux activités de loisir, à encourager une politique d'équipement, et plus récemment à rechercher un meilleur aménagement du temps, et à promouvoir la vie associative.

**L'aménagement de l'espace.** — De nombreuses activités de loisir sont liées au plein air, à la découverte de la nature. Les loisirs prennent de plus en plus d'importance avec la densification urbaine croissante. C'est pourquoi il est vital que de larges espaces naturels soient préservés de toute forme d'urbanisation et soient soustraits à la spéculation foncière. L'Etat intervient de plusieurs façons pour préserver ces espaces de loisir. En protégeant des sites naturels et en les inscrivant dans le domaine public, c'est le cas des forêts domaniales par exemple. En pratiquant une politique de réservation foncière avec le concours des collectivités locales intéressées. Mais la préservation d'espaces naturels n'a d'intérêt que dans la mesure où ils sont mis à la disposition du public dans le cadre d'activités de loisir. C'est pourquoi il faut distinguer ces différents espaces en fonction de leur vocation propre et des aménagements spécifiques auxquels ils donnent lieu. Plusieurs types de zones de loisir ont été définis : les parcs nationaux et régionaux, les réserves naturelles, les zones naturelles d'équilibre, les bases de plein air et de loisir, les zones de loisir en milieu urbain.

— Les parcs naturels font l'objet d'une politique active dans de nombreux pays. En Allemagne cette politique a été amorcée dès 1909 ; aux Etats-Unis fut fondé en 1916 le National Park Service qui contrôle actuellement une superficie de plus de 100 000 km². C'est en 1960 que la France se dote d'une législation sur les parcs nationaux. Ces parcs, dont les modalités d'aménagement varient d'une région à l'autre, répondent en France à trois grands objectifs. Protéger et valoriser le patrimoine naturel sur des ensembles suffisamment vastes, préserver un minimum d'activités agricoles et artisanales traditionnelles, servir de lieux de détente et de loisir à la population citadine des grandes métropoles. La protection d'un site naturel s'accompagne en effet d'actions d'entretien et de valorisation. Sans ces actions, la faune et la flore se dégraderaient peu à peu. Les feux dramatiques dans le midi de la France chaque été sont là pour rappeler que les risques de destruction sont grands sans la vigilance humaine. La valorisation du patrimoine naturel comprend également le patrimoine culturel, architectural et humain. Il s'agit de mettre en relief les constructions qui ont une valeur historique et sont autant de témoignages du passé. Conserver aussi des activités artisanales traditionnelles qui ont une valeur à la fois historique et artistique. Le maintien d'activités rurales peu mécanisées comme la sylviculture permet un entretien et une animation de ces sites qui sont autant des réserves naturelles que des réserves d'histoire. Le troisième objectif est la mise à disposition du public de ces richesses et la pratique d'activités de loisir. C'est l'objectif le plus délicat, car comment aménager sans « déflorer » ? Certaines activités de loisir nécessitent des équipements spécifiques peu compatibles avec la préservation de l'identité naturelle du site. D'un autre côté ces activités de loisir sont un stimulant à la découverte et au contact de la nature. L'équilibre n'est pas simple à réaliser. C'est pourquoi il est fondamental que des espaces suffisants soient réservés afin d'offrir des possibilités variées d'utilisation de ces espaces. La circulation automobile est tolérée dans certaines zones et interdites dans d'autres. Certaines sont plus ouvertes à la pratique de loisirs sportifs comme l'équitation, le cyclotourisme, d'autres sont réservées exclusivement à la randonnée pédestre. D'une manière générale la vocation principale des parcs naturels est la découverte de la nature. Des services d'accueil de certains parcs proposent une véritable pédagogie de l'environnement au visiteur. Apprendre à reconnaître les multiples espèces qui composent la faune et la flore, découvrir de nouveaux paysages, participer à un safari photo, tels sont les principaux objectifs. Bien entendu ces parcs constituent des lieux privilégiés pour les scolaires où se mêlent jeux et activités pédagogiques au cours des classes de nature. Le succès de ces parcs, la nécessité de lutter contre le « mitage » du territoire en ont multiplié le nombre. Aujourd'hui, il existe cinq parcs nationaux qui sont par ordre de création : la Vanoise, Port-Cros, les Pyrénées occidentales, les Cévennes, les Ecrins ; ainsi que 17 parcs naturels régionaux couvrant une superficie d'environ 2 millions d'hectares.

— La constitution de réserves naturelles est un autre moyen pour les pouvoirs publics de protéger une partie du territoire qui présente des caractéristiques particulières. Assez proches de la conception des parcs nationaux et régionaux, les réserves naturelles sont de dimensions plus réduites. Elles font partie d'une ou plusieurs communes et ont pour objet de préserver des espèces animales ou végétales menacées de disparition. Elles représentent une réserve d'air pur pour les citadins mais les activités de loisir proprement dites y sont assez limitées. Elles sont souvent gérées par des associations de protection de la nature et représentent une superficie approximative de 37 000 ha.

— Les zones naturelles d'équilibre, à la différence des parcs ou des réserves naturelles, ne recouvrent pas obligatoirement des territoires dont la qualité de l'environnement ou la beauté du site sont exceptionnelles. Elles s'apparentent plutôt à de grandes coupures vertes qui ont pour but d'éviter le phénomène de conurbation ou d'urbanisation continue. L'extension progressive des villes tend à faire disparaître les espaces verts qui les séparent ; les zones naturelles d'équilibre ont pour objet de limiter cette extension en ceinturant de vert les grandes métropoles. Les terrains ainsi préservés sont propices à l'aménagement d'infrastructures sportives ou de loisir. A proximité des grandes villes, ces zones favorisent le développement des loisirs de plein air de fin de journée ou de week-end. Ces zones sont tout à fait appropriées pour accueillir les bases de plein air et de loisir.

Les bases de plein air et de loisir répondent à une conception plus dynamique et plus sportive du loisir. Elles ont été instituées par le ministère de la Jeunesse, des Sports et des Loisirs en 1975 (circulaire du 21 mars). Elles ont pour objectif de donner à tous la possibilité de pratiquer un loisir sportif à proximité de son lieu de résidence. Ouvertes à tous, sans distinction d'âge, elles mettent à la disposition du public des équipements légers de loisir. Elles sont souvent situées autour d'un plan d'eau naturel ou artificiel qui offre la possibilité de pratiquer les sports nautiques, depuis la baignade pendant l'été en passant par la planche à voile ou le dériveur. Elles disposent également de plaines de jeux ou de terrains d'aventure ainsi que de salles couvertes pour la gymnastique ou les jeux de ballon. Leur originalité est double. D'une part elles favorisent un certain brassage entre les différentes catégories de la population, scolaires, associations sportives ou de plein air, comités d'entreprise, familles, adolescents ou personnes âgées. Ce qui permet une utilisation optimum des équipements des bases. D'autre part les activités de loisir proposées sont diverses et adaptables à tous les publics. On distingue quatre types de base de plein air et de loisir en fonction de leur plus ou moins grande proximité du centre des villes. Les bases urbaines, proches des centres-villes dont l'utilisation peut être quotidienne, les bases périurbaines sont plutôt fréquentées à l'occasion des week-ends, les bases rurales ainsi que les bases de nature sont fréquemment situées en bordure ou à l'intérieur des parcs naturels. L'association du plein air et des activités physiques voire sportives a rendu très populaire ce type d'aménagement très insuffisamment répandu par rapport aux besoins croissants des citadins.

— Les zones de loisir en milieu urbain sont les moins développées. Elles se heurtent ici plus qu'ailleurs aux intérêts privés et à la spéculation foncière. Toutefois la pression de l'opinion public et l'obligation faite aux communes de se doter d'un Plan d'Occupation des Sols (POS) ont permis de lutter plus efficacement contre la pénurie d'espaces de loisir à l'intérieur des villes. Les POS doivent en principe respecter les normes prescrites par le ministère de l'Urbanisme et du Logement. Ainsi chaque commune devrait-elle prévoir un minimum de 13 $m^2$ d'espaces de loisir par habitant. Mais ces normes restent indicatives et bien peu de grandes villes peuvent s'enorgueillir de respecter les quotas minimum. D'autre part, la répartition de ces espaces de loisir, leur accès plus ou moins aisé, les équipements qui sont attenants sont également des paramètres importants dans le développement des pratiques de loisir en milieu urbain.

Enfin les pouvoirs publics interviennent de manière plus spécifique sur des zones sensibles particulièrement convoitées durant le temps de loisir, c'est le cas du littoral. La création de schémas d'aptitude et d'utilisation de la mer (SAUM) a eu pour objet de définir les différentes utilisations du littoral en tentant de les harmoniser. Le Conservatoire national de l'Espace littoral et des Rivages lacustres mène de son côté une politique de réservation foncière visant à lutter contre la privatisation du littoral. Un dispositif législatif, renforcé par le décret du 25 août 1979, prévoit le libre accès du bord de mer qui fait lui-même partie du domaine public et ne peut théoriquement être l'objet d'une appropriation privée. De fait, les constructions en bordure du littoral revenaient à privatiser certaines plages. L'interdiction de construire sur cet espace sur une profondeur de 100 m a permis d'enrayer le processus d'urbanisation continue et de privatisation du bord de mer.

En conclusion, les actions de l'Etat en faveur de la réservation et de l'aménagement des espaces publics de loisir sont multiples. L'Etat agit essentiellement par la voie législative ou réglementaire. Mais la réglementation fait trop fréquemment figure de simple recommandation. Elle intervient souvent trop tard et ne peut lutter contre des situations de fait, comme le développement anarchique de certaines villes. Trop de « coups » sont déjà partis pour que la réglementation ait une efficience globale. Elle peut prévenir et non guérir. Deuxièmement l'Etat se trouve souvent en porte à faux pour contraindre les collectivités locales à respecter les mesures qu'il impose, car la réservation d'espaces publics de loisir, nécessairement improductifs, exigerait une politique de subventions de l'Etat plus conséquente. Sur le plan de la politique d'équipements sportifs ou culturels, on trouve la même situation puisque les dotations en subventions d'équipement déjà très faibles ont diminué au budget du ministère de la Jeunesse, des Sports et des Loisirs pour l'année 1980. Ainsi y a-t-il un certain paradoxe entre la volonté de l'Etat d'édicter des normes plus contraignantes en matière de politique du loisir et son faible engagement budgétaire pour les faire respecter. Troisièmement l'application des normes se heurte à la diversité des situations locales et rend nécessaires certaines adaptations. Toutefois ces adaptations laissent trop souvent la porte ouverte à de simples dérogations encouragées par le « maquis » de circulaires parfois contradictoires. Enfin le loisir reste un objectif secondaire dans la politique d'aménagement du territoire axée prioritairement sur l'urbanisation et l'industrialisation.

**L'aménagement du temps.** — La prise en compte des problèmes d'aménagement du temps est assez récente. Elle a été suscitée par la réduction du temps de travail et l'augmentation du temps libre. Pendant longtemps, cet aspect a été le seul à être traité. L'Etat se souciant uniquement de fixer une durée légale du temps de travail. Cet aspect demeure bien évidemment fondamental ; l'ampleur du chômage incitant les pouvoirs publics à plafonner le nombre d'heures supplémentaires et à envisager la réduction légale du temps de travail à 35 heures hebdomadaires. L'aménagement du temps vise à une optimisation de l'utilisation du temps libéré. Les phénomènes d'encombrement entraînent un gaspillage du temps de loisir, la saturation des équipements et une moindre satisfaction des usagers. L'oppression du rythme de travail se transpose durant le temps de loisir. Pour remédier à cette situation, certaines expériences ont été encouragées, notamment depuis la mise en place d'une Mission de l'Aménagement du Temps au sein du ministère du Temps libre. Un des objectifs concerne l'étalement des congés. La très grande majorité des salariés en France bloque leurs quatre semaines de vacances sur juillet-août. Pour une large part ils y sont contraints parce que leur propre entreprise ferme durant cette période, ou parce que l'entreprise dans laquelle travaille leur conjoint ferme, ou encore parce qu'ils désirent prendre leurs vacances avec leurs enfants durant la période de vacances scolaires. A cela s'ajoutent le poids des habitudes, le symbole que représente le mois d'août pour les vacanciers. Les méfaits de la concentration des départs sont bien connus : encombrements, gaspillage d'essence, etc. Sur le plan des loisirs touristiques, les effets de cette concentration ne sont pas moins préjudiciables pour le vacancier lui-même. La rentabilisation des équipements touristiques et des loisirs sur deux mois de l'année entraîne un surcoût que doit acquitter l'usager. Sur le plan de l'urbanisation, particulièrement dans les régions du littoral, les constructions doivent être surdimensionnées pour accueillir le flot massif des vacanciers. C'est ainsi qu'un aménagement irrationnel du temps provoque un aménagement irrationnel de l'espace. Diverses solutions ont été préconisées et certaines commencent à être appliquées. Réduction du temps de fermeture des entreprises en encourageant le roulement du personnel, désynchronisation des dates de vacances scolaires en fonction des zones, conditions tarifaires avantageuses pour les départs hors saison, octroi d'un deuxième billet de congé payé pour encourager le fractionnement des vacances. Les recettes sont multiples mais difficiles à mettre en œuvre car elles nécessitent un plan d'ensemble qui ne pénalise ni les entreprises, ni les familles, ni la scolarité des enfants. On observe cependant une tendance au décongestionnement avec la progression plus rapide des départs sur le mois de juin plutôt que sur juillet-août, ainsi que la nette progression des départs pour les vacances d'hiver qui indique un début de fractionnement des vacances. Mais il importe tout autant d'aménager le temps pour faciliter les pratiques quotidiennes de loisir qui sont, sur le plan psychologique et physique, les plus équilibrantes. Certaines municipalités avec le concours des pouvoirs publics ont tenté et réussi des opérations d'aménagement du temps aux effets positifs sur les pratiques de loisir. Par exemple la désynchronisation des horaires d'entrée et de sortie des entreprises qui permet de réduire les encombrements dans la ville ; le décalage des horaires des services publics, des commerces, des centres de loisir, qui facilite la vie des salariés et évite les attentes. La mise en place des horaires variables est un pas supplémentaire vers une meilleure maîtrise du temps. Encore très peu développés en France, les horaires variables permettent aux salariés de choisir les modalités de répartition entre leur temps de travail et leur temps de loisir. Le système le plus couramment utilisé est celui de la division de la journée de travail en trois plages horaires. Une plage fixe, la plus importante, où tous les salariés sont présents, et deux plages mobiles en début et fin de journée sur lesquelles les salariés ont liberté pour choisir leurs horaires sous réserve qu'ils totalisent au bout du compte les 8 heures sur la journée ou les 39 heures sur la semaine. Ceux qui désirent travailler sur les trois plages horaires accumulent ainsi un crédit d'heures à valoir sur des journées de récupération. Cette liberté d'organisation du temps de travail permet du même coup de tirer un meilleur profit du temps de loisir, d'allonger certains week-ends, d'être plus disponible quand une occasion particulière se présente. Bien entendu un tel système a ses limites. Car il entraîne des difficultés de gestion du personnel, de relations avec la clientèle. C'est pourquoi son évolution est très lente et sa généralisation difficile. La croissance des activités de loisir exerce cependant une forte pression contre la rigidité des horaires fixes. Le succès des entreprises de travail temporaire, l'extension du travail partiel témoignent du même phénomène et ne sont pas simplement dus aux difficultés du marché de l'emploi. D'une manière générale la plus grande élasticité du temps de travail s'accorde bien avec l'intensification des pratiques de loisir et la recherche d'une meilleure adaptation du travail humain aux besoins de l'entreprise.

## III. — Les actions des collectivités locales

Hormis certains grands projets spécifiques, aucune action de l'Etat ne se réalise sans le concours des collectivités locales. En matière de réservation d'espaces et d'équipements de loisir, l'initiative appartient le plus souvent aux collectivités locales auxquelles l'Etat apporte sa contribution sous certaines conditions (respect des normes officielles, évaluation des besoins) et dans des proportions variables. La région est un échelon fondamental dans la politique des loisirs. C'est à ce niveau que peuvent être réalisés les grands aménagements pour les loisirs de plein air et de pleine nature. Les infrastructures régionales sont destinées aux loisirs de courte durée à l'occasion du week-end ou de petites vacances. Dans le cas des régions touristiques, ces infrastructures sont encore plus importantes puisqu'elles doivent accueillir les vacanciers. Mais la région est plus un échelon administratif qu'une collectivité locale à proprement parler. Elle facilite la mise en œuvre des grandes directives nationales mais détient un faible pouvoir de décision. D'une part ses représentants ne sont pas élus, d'autre part ses ressources financières sont très limitées. Elle est donc tributaire des subventions de l'Etat affectées à des programmes précis et a peu de pouvoir pour mener une politique d'ensemble du loisir. Toutefois de plus en plus nombreuses sont les régions qui se sont dotées de schémas régionaux de loisir après inventaire des besoins et des possibilités naturelles offertes par la région. Le département est par contre une collectivité locale de plein exercice. Mais en matière de loisir il est rarement initiateur des grandes réalisations. Son rôle de planification est réduit. Il intervient surtout par voie de subventions à des communes ou à des groupements de communes (SIVOM) qui décident de réaliser des équipements de loisir. C'est en fait sur la commune que repose la plus grande part de la responsabilité de la politique de loisir. Elle constitue l'échelon le plus proche du citoyen. Elle doit assurer la création des équipements nécessaires, leur fonctionnement et leur animation. Elle reçoit des subventions de l'Etat, des autres collectivités locales et peut obtenir des bonifications d'intérêt sur les emprunts qu'elle contracte. Toutefois les subventions de l'Etat sont encore assorties d'une tutelle technique et administrative qui limite la marge de liberté des communes dans la création de leurs équipements qui ne sont pas toujours, de ce fait, parfaitement adaptés aux besoins de la population locale. La politique en faveur des loisirs menée par une municipalité dépend du niveau de ses ressources financières et de la plus ou moins grande priorité accordée par les élus à ces problèmes. Les ressources financières sont fonction du nombre d'habitants (taxe d'habitation, taxes foncières) et des entreprises implantées sur le sol d'une commune (taxe professionnelle). Certaines petites communes rurales ne disposent pas de moyens suffisants pour créer les installations minimum (terrains de sport, cinéma, etc.) et doivent alors s'associer aux communes environnantes pour financer des projets communs. L'absence d'équipements de loisir est un facteur supplémentaire de désertification dont on ne mesure pas toujours l'importance. A l'autre extrémité, mais ces cas sont beaucoup plus rares, des petites communes, possédant une vaste zone industrielle, disposent de moyens importants.

Il n'en reste pas moins qu'à revenu égal les communes ont des politiques plus ou moins dynamiques en faveur du loisir. La volonté de promouvoir les activités de loisir se traduit d'abord dans les documents d'urbanisme, principalement les plans d'occupation des sols (POS). La maîtrise des sols est indispensable à la réservation foncière pour créer des espaces verts ou implanter des équipements. Il y a là un problème de volonté politique, car trop souvent les normes minimales ne sont pas respectées alors qu'elles pourraient l'être. De même les équipements peuvent être plus ou moins nombreux ; certaines communes mettent à la disposition de leurs habitants des équipements diversifiés depuis le centre culturel, la maison de jeunes, les terrains de sport, les salles omnisports, les aires de détente et de loisir, jusqu'aux salles de réunion à l'usage des associations. D'autres en sont au contraire démunies. Mais surtout, et c'est là un aspect fondamental de la politique du loisir, ces équipements sont plus ou moins sélectifs, plus ou moins ouverts à l'ensemble des catégories de la population. En effet certaines communes se dotent d'équipements lourds, sophistiqués et coûteux qui ne profitent qu'à des minorités très motivées de la population : les sportifs, les amateurs de culture, les scolaires, etc. Ces équipements de prestige excluent souvent la grande majorité de ceux qui ne sont pas initiés aux pratiques de loisir. On voit donc qu'il existe une pédagogie des équipements essentielle à la participation du plus grand nombre. Des équipements plus légers, plus nombreux, plus diffus comme les plaines de jeux, les petits terrains sont plus facilement accessibles et offrent des usages multiples pour des jeunes mais aussi pour les familles ou les personnes âgées. Dans le domaine culturel, une municipalité importante s'était dotée d'un imposant centre culturel dont la sous-utilisation était un constat manifeste d'échec. La création de maisons de quartier plus proche des habitants et de leurs préoccupations a permis de programmer des loisirs mieux adaptés. Non seulement ces maisons ont remporté un rapide succès, mais leurs participants ont été incités à utiliser le grand centre culturel déserté jusqu'alors. Ainsi l'adaptation des équipements, mais aussi l'animation dont ils font l'objet de la part de professionnels ou d'associations sont-ils des critères non moins importants dans la politique des loisirs. Enfin une municipalité peut également promouvoir une politique d'aide à la personne, en proposant des activités de loisir dans des conditions avantageuses pour les personnes dont les ressources sont faibles, en leur permettant de se déplacer et de voyager à des prix réduits, en pratiquant des tarifs différentiels pour la participation aux spectacles, etc.

## IV. — Le rôle des associations

Les associations exercent une grande part de l'animation des loisirs dans une ville. A leur puissance, à leur nombre d'adhérents, on pourrait presque mesurer le degré de réussite de la politique des loisirs. Elles sont avant tout un lien entre les habitants souvent isolés, particulièrement dans les grandes cités. Or le développement des contacts sociaux est déjà un loisir en soi. Elles favorisent la familiarisation et la diffusion des pratiques de loisir, car elles ont un pouvoir d'entraînement sur l'individu qui hésiterait à se lancer dans certaines activités de lui-même. Elles reposent sur le principe d'auto-organisation d'un groupe et se prêtent à des projets de nature très différente ; associations sportive, de jeunesse, de défense du consommateur, de protection du cadre de vie, etc. Elles sont également un relais indispensable entre le citoyen et les pouvoirs publics, et peuvent jouer à l'occasion le rôle de groupe de pression pour faire valoir le point de vue de catégories spécifiques de la population. De nombreuses municipalités s'appuient sur les associations pour encourager le développement des loisirs, par voie de subvention directe ou pour des aides en nature (mise à disposition de salles ou d'équipements). Car elles permettent la démocratisation de loisirs qui resteraient peu répandus sans leur intervention. Surtout elles favorisent une meilleure insertion sociale, une plus grande maîtrise de l'individu sur son cadre de vie et dans l'organisation de ses loisirs. Toutefois la plupart des associations (authentiques) ont de faibles moyens. Certaines associations nationales bénéficient de subventions de la part de l'Etat sous réserve qu'elles aient reçu un agrément ou une reconnaissance d'utilité publique. Mais la plupart des associations locales qui ne sont pas structurées au plan national doivent compter sur les cotisations modiques de leurs adhérents et sur les subventions de leur municipalité. Elles ont donc peu de permanents et dépendent beaucoup du bénévolat de leurs responsables. Cette situation explique en partie la relative faiblesse de la vie associative en comparaison avec d'autres pays européens. Elle explique sans doute aussi le faible développement des loisirs collectifs par rapport aux loisirs individuels ou familiaux. Avec la mise en place du *chèque-vacances*, la promotion de la vie associative est l'un des plus importants dossiers ouvert par le ministère du Temps libre.

Plusieurs objectifs ont été définis : élargir les droits des associations pour faciliter leur intervention dans la vie sociale ; faciliter matériellement leur fonctionnement ; renforcer le nombre et la capacité des animateurs ; définir des critères d'utilité sociale pour les associations remplissant une mission de service public.

Ce programme ambitieux reste à réaliser avec le concours de la Commission nationale de la Vie associative.

CHAPITRE V

# LES LOISIRS EN PERSPECTIVE

Quels seront les loisirs de demain ou d'après-demain ? Quelle sera la répartition entre temps de loisir et temps de travail ? Les erreurs de prévision commises en la matière incitent à la plus grande prudence. C'est pourquoi il faut distinguer ici l'avenir proche du futur à long terme. On peut raisonnablement penser que l'avenir à court terme sera la projection des grandes tendances que l'on peut déceler aujourd'hui dans le comportement de loisir des Français. Par contre, les prévisions à long terme supposent l'élaboration d'hypothèses sur l'évolution globale de la société dont le loisir n'est qu'un aspect, et sont de ce fait beaucoup plus aléatoires.

## I. — Les évolutions probables

A court terme, c'est-à-dire à échéance de dix à quinze ans, on ne peut s'attendre à d'importantes modifications dans les activités ou le temps de loisir. Toutefois plusieurs facteurs donnent à penser que le processus de réduction du temps de travail devrait se poursuivre. Premièrement, l'ensemble des syndicats français se sont ralliés à cette revendication qui apparaît désormais comme une priorité. Deuxièmement, des négociations entre patronat et syndicats sont d'ores et déjà entamées sur ce thème avec l'accord des pouvoirs publics. De plus, la situation de chômage structurel milite en faveur d'une meilleure répartition du temps de travail au sein de la population active. Enfin ce thème est à l'ordre du jour de l'Assemblée européenne ; c'est là un facteur décisif car une réduction unilatérale du temps de travail dans un seul pays de la Communauté diminuerait la compétitivité à l'exportation des produits de ce pays. Un accord européen apparaît donc indispensable et fort probable à court terme. Ajoutons que la réduction du temps de travail trouve un écho de plus en plus fort parmi les salariés puisque, pour la première fois, les sondages indiquent que ces derniers opteraient majoritairement pour une réduction du temps de travail de préférence à une augmentation de salaire. Comme si la crise avait fait perdre tout espoir en une progression significative du pouvoir d'achat et incitait les salariés à trouver une compensation dans l'augmentation du temps libre. En toute hypothèse, la réduction du temps de travail sera limitée. Après la généralisation de la cinquième semaine de congés payés et la première étape des 39 heures, se profile l'horizon des 35 heures hebdomadaires. Donnera-t-on la priorité aux loisirs quotidiens ou à ceux des grandes vacances ? L'allongement des grandes vacances est peu souhaitable sur le plan des infrastructures touristiques saturées à cette période, il est peu souhaitable sur le plan de l'activité économique déjà paralysée pendant quatre semaines, il est enfin peu souhaité par les salariés eux-mêmes. La réduction du temps de travail quotidien qui équivaudrait à une heure dans l'hypothèse des 35 heures n'a pas non plus la faveur de l'opinion. Elle est en effet trop faible pour permettre de s'adonner à de nouvelles activités de loisir. La préférence semble accordée à la multiplication de mini-congés tout au long de l'année ou à l'allongement du week-end. Les week-ends ou les petites vacances permettent une réelle rupture avec le rythme quotidien imposé par le travail et les transports ; ils permettent de fuir la ville et de disposer d'un temps homogène pour profiter des diverses activités de loisir. Avec l'extension des horaires mobiles, c'est en fin de compte au niveau de l'entreprise ou de la branche que se réglera de plus en plus la répartition entre le temps de travail et le temps de loisir. A plus long terme les salariés pourront choisir eux-mêmes la répartition de leur temps de loisir en respectant certaines règles indispensables au bon fonctionnement de l'entreprise comme le respect d'une durée minimale de présence dans la journée, et d'une durée maximale de congés pris en une seule fois. A court terme on peut donc s'attendre au maintien de la durée du travail quotidien voire même une certaine diminution de cet horaire dans des secteurs où la pénibilité du travail est particulièrement éprouvante ; un allongement du week-end et surtout la multiplication de mini-vacances à l'occasion des fêtes ou des « ponts » ; une relative stabilité des grandes vacances d'été voire même une certaine réduction de ce temps de congé au profit d'un plus grand fractionnement des vacances quand la plupart des entreprises auront renoncé à la fermeture annuelle.

L'augmentation du temps libre à venir résultera également de l'abaissement de l'âge de la retraite. La retraite à 60 ans à taux plein est un objectif atteint désormais. Mais ici, comme pour la répartition du temps de vacances, toute mesure autoritaire et uniforme est assez mal reçue. La Suède qui avait procédé à un abaissement de l'âge de la retraite a dû revenir en arrière et permettre à ceux qui le désiraient de continuer de travailler. En effet, le passage brutal de l'activité continue à l'inactivité totale est souvent préjudiciable à l'équilibre psychologique de l'individu. Le système de retraite à la carte, et mieux encore de retraite progressive, semble préférable et se généralisera vraisemblablement. L'ouverture des droits à la retraite interviendra plus tôt avec la possibilité de poursuivre une activité professionnelle ralentie. Toutefois l'évolution démographique qui conduit actuellement au vieillissement rapide de la population française ne permettra sans doute pas un abaissement très sensible de l'âge de la retraite. A plus long terme, le salarié pourra sans doute choisir assez librement les périodes d'activité et d'inactivité ; ainsi pourrait-il profiter assez jeune de longues périodes d'inactivité, du style année sabbatique, à condition de prendre sa retraite plus tard ou de totaliser sur l'ensemble de sa vie d'un nombre minimum d'années d'activité professionnelle.

La réduction globale du temps de travail n'ira pas sans un certain aménagement de la répartition entre travail et loisir dans lequel le salarié interviendra de plus en plus. Et c'est au fond ce libre aménagement, plutôt que la réduction nette du temps de travail, qui aura la plus forte influence sur les loisirs de demain.

Quels seront les loisirs de demain ? Les loisirs quotidiens évolueront assez peu car le temps libre quotidien ne progressera que faiblement. Les activités familiales resteront le principal support des loisirs quotidiens. 53 % des Français affirment d'ailleurs qu'en cas d'augmentation du temps libre ils le consacreront prioritairement à leur vie de famille. Cette tendance sera renforcée par la multiplication des loisirs « à domicile ». La forte croissance des dépenses d'équipements de loisir à usage des particuliers ne se dément pas. La vitesse de diffusion des récepteurs de télévision en couleur en témoigne ; le développement rapide de l'informatique suscitera de nouveaux usages de la télévision ; les appareils d'enregistrement et de reproduction du type magnétoscope ou chaîne haute fidélité continueront leur progression. Ainsi verra-t-on se développer une « électronique et une informatique de loisir » qui auront de plus en plus d'emprise sur le temps de loisir vécu en famille.

Mais ce sont les loisirs de courte durée, en fin de semaine ou à l'occasion de mini-vacances, qui progresseront le plus rapidement. D'autant que d'ici l'an 2000 la quasi-totalité de la population française aura un mode de vie urbain.

On peut donc prévoir une multiplication des résidences secondaires, une forte croissance des formules de tourisme de courte durée (gîtes ruraux, séjours à la montagne), ainsi qu'une demande accrue pour les loisirs de plein air. L'utilisation des zones de loisir et de détente en milieu naturel augmentera considérablement. Parallèlement les loisirs sportifs liés au plein air subiront la même évolution. La courbe de croissance de la navigation de plaisance en offre déjà un bon exemple ; de même les randonnées pédestres ou sous toute autre forme prendront encore plus d'essor qu'aujourd'hui. Le sport dans son aspect plus institutionnalisé suivra le même mouvement comme en témoigne l'afflux de nouveaux licenciés dans la plupart des fédérations sportives. Incontestablement toutes les formes de loisir liées au plein air et à la qualité de l'environnement occuperont de plus en plus le temps de loisir futur. Il semble par contre peu probable que les loisirs culturels connaissent pareille évolution. La fréquentation de spectacles culturels progresse peu. Le plus populaire d'entre eux, le cinéma, a subi une grave crise avec l'apparition de la télévision et n'enregistre qu'une croissance modérée. Les activités socioculturelles organisées dans les centres culturels des municipalités ne s'adressent qu'à un public restreint qui s'élargira difficilement malgré l'initiative de certaines villes pour réhabiliter une culture plus populaire.

Les loisirs sociaux, relationnels et associatifs, progresseront sans doute plus rapidement notamment dans le cadre de l'organisation des activités sportives et de plein air. Mais ils resteront très concurrencés par les loisirs à dominante individuelle ou familiale. Car, d'une manière générale, l'individualisation des pratiques de loisir l'emportera sur les pratiques collectives ou de groupe. A court terme, l'extension des loisirs n'entraînera qu'une faible progression de la socialisation de l'individu ou de son aptitude à la « convivialité », l'atomisation de la société restera la règle dans le domaine des loisirs comme ailleurs.

## II. — Les hypothèses pour l'avenir

A long terme, de nombreuses hypothèses peuvent être émises sur l'avenir des loisirs. On ne retiendra ici, en guise d'esquisse, que deux scénarios extrêmes qui illustrent l'un comme l'autre les tendances profondes et contradictoires d'une société en mutation.

Le premier scénario est le plus crédible car il ne suppose pas de transformation sociale importante dans la vie de travail comme dans la vie de loisir. Il repose tout d'abord sur l'hypothèse d'une croissance économique plus forte qu'elle ne l'est à l'heure actuelle. Dans un tel contexte, la crise tendrait à s'atténuer grâce à la « normalisation » des rapports entre pays industrialisés et pays en voie de développement grâce aussi à l'apparition d'innovations ouvrant de nouveaux marchés pour la croissance. Les secteurs de l'électronique et de l'informatique sont deux exemples. Ces innovations bénéficieront aux industries de loisir qui joueront alors un rôle de plus en plus fondamental dans ce maintien de la croissance continue, parce que la part des biens de loisir ne cessera de s'accroître, que ce soit dans le secteur automobile, dans celui de l'électronique de loisir ou dans la prolifération de gadgets en tout genre destinés à « occuper » le temps de loisir. Pareille évolution pourra être constatée (et on la constate déjà) dans le domaine des services. De plus en plus nombreux seront les spécialistes du loisir qui interviendront pour se substituer à des fonctions remplies jusqu'ici par l'individu lui-même ou par la collectivité (animation, relations sociales, etc.). Dans une telle perspective, le loisir sera réduit à une simple fonction de consommation. On consommera des services et des biens de loisir... Une évolution semblable se dessine dans le domaine éducatif, culturel et médical. En témoignent la surconsommation pathologique de médicaments et l'apparition de micro-ordinateurs permettant une autosurveillance médicale de tous les instants. Dans une telle hypothèse, le cycle production-consommation trouvera une nouvelle vigueur en pénétrant dans des domaines encore peu soumis au secteur marchand. Ainsi l'orientation des futurs loisirs dépendra-t-elle de l'initiative des entreprises privées, de l'industrie productrice de loisir. A terme, tous les loisirs seront peu à peu médiatisés par des objets de plus en plus sophistiqués réclamant sans cesse de nouveaux spécialistes. Dans ce scénario, la réduction du temps de travail restera limitée pour maintenir un haut niveau de production. De son côté le chômage technologique s'amplifiera en raison de l'automatisation des tâches de production comme des travaux de bureau. A terme, une situation socialement explosive peut découler de la juxtaposition d'un niveau de chômage élevé et d'activités de loisir onéreuses puisque soumises au secteur commercial.

Le deuxième scénario s'appuie sur des hypothèses

de développement économique opposées aux précédentes. Il prévoit notamment une croissance modérée qui ne parvient pas, en raison de la conjoncture internationale et de l'essoufflement des économies occidentales, à retrouver le rythme de croissance d'avant 1973. En raison des possibilités réduites d'augmentation du pouvoir d'achat, la pression des syndicats et des salariés dans leur ensemble, pour obtenir plus de temps libre, s'accentuera. Dans ce contexte, la croissance économique proviendra moins du maintien du travail intensif et de la relance des investissements que des économies qui pourront être réalisées dans le domaine de l'énergie ou des matières premières. Réduction des gaspillages des ressources naturelles dont on se refuse à chiffrer le coût économique qu'il faudra bien payer un jour. Augmentation de la durée de vie des produits qui sont fabriqués aujourd'hui pour durer le moins longtemps possible et ne pouvoir être réparés puisque leur obsolescence est programmée au moment de leur fabrication. Bref, à défaut de produire plus, il serait possible de produire mieux. Ceci permettrait de maintenir un niveau modéré de croissance tout en réduisant considérablement la durée du travail. Un essai, au demeurant assez théorique, démontre que dans un tel système la durée du travail pourrait être réduite à deux heures par jour. Quelle que soit la diminution effective de la durée du travail dans ce scénario, le temps libre serait supérieur au temps de travail. Un tel *renversement* aurait bien sûr d'importantes conséquences sur le comportement de loisir. Pour une part les activités de loisir resteraient liées à la consommation d'objets produits par les industries de loisir. Mais, contrairement au scénario précédent, cette forme de loisir ne serait qu'une faible partie des activités de loisir dans leur ensemble, parce que ces objets seraient produits en moins grand nombre et parce que le temps de loisir serait bien supérieur dans cette hypothèse. Plus importante serait la part des loisirs nécessitant assez peu d'équipements ou de dépenses et basés essentiellement sur des activités culturelles, relationnelles ou de contact avec la nature. De la consommation d'objets on passerait ainsi à une consommation du temps libre. Ce large espace de temps libéré donnera alors aux individus la possibilité de produire eux-mêmes leurs loisirs. Loisirs qui ne seraient plus soumis aux industries et à la pression publicitaire qu'elles exercent, mais qui résulteraient de la prise en charge individuelle ou collective du temps de loisir. La création d'associations, coopératives ou mutuelles, serait nécessaire pour mener à bien des activités collectives de loisir. De proche en proche ce secteur du loisir s'étendrait à des secteurs qui relèvent aujourd'hui du secteur marchand. Ainsi peut-on imaginer que ces associations réaliseraient une série de travaux comme la construction de résidences secondaires, la remise à neuf d'appartements, etc. Une partie du temps de loisir serait donc utilisée pour des services collectifs où chacun viendrait participer en fonction de ses aptitudes et de ses goûts. A côté du circuit marchand, se développerait un système de services collectifs reposant sur le travail volontaire. Ainsi le temps de loisir serait-il aussi un temps de travail libre basé sur les besoins de la collectivité et fondé sur des relations de proximité. Sans doute une telle perspective apparaît bien utopique et bien difficile à imaginer dans un monde régi par la contrainte du travail. Il n'empêche que déjà les formules associatives et coopératives remplissent des fonctions de production au service de leurs adhérents. Elles pourraient se développer plus encore devant l'impossibilité des entreprises privées et anonymes à répondre aux besoins réels de l'individu, surtout dans le domaine des loisirs. De ces deux scénarios pour le futur, lequel verra le jour? Il est bien sûr impossible de trancher. Présentement chacun détient une part de vérité et toutes les formules intermédiaires sont possibles ; mais l'un et l'autre, sous des formes opposées, démontrent que l'évolution des loisirs est incontestablement une clé pour le futur.

# BIBLIOGRAPHIE


ADRET, *Travailler deux heures par jour*, Paris, Editions du Seuil, 1977.

G. AZNAR, *Non aux loisirs, non à la retraite*, Paris, Editions Galilée, 1978.

M. C. BUSCH, *La sociologie du temps libre*, Paris, Editions Mouton, 1974.

C. CORONIO et J.-P. MURET, *Loisir : du mythe aux réalités*, Paris, Editions du CRU, 1973.

J. DUMAZEDIER, *Vers une civilisation du loisir*, Paris, Editions du Seuil, 1962.

— *Sociologie empirique du loisir*, Paris, Editions du Seuil, 1974.

— *Révolution culturelle du temps libre*, Paris, Librairie des Méridiens, 1988.

J. FOURASTIÉ, *Des loisirs pour quoi faire ?*, Paris, Editions Castermann, 1970.

G. FRIEDMANN, *La puissance et la sagesse*, Paris, Editions Gallimard, 1970.

P. LAFARGUE, *Le droit à la paresse*, Paris, Editions Maspero, 1972.

M.-F. LANFANT, *Les théories du loisir*, Paris, Presses Universitaires de France, 1972.

A. LAURENT, *Libérez les vacances*, Paris, Editions du Seuil, 1973.

Y. RAYNOUARD et R. LANQUAR, *Le tourisme social*, Paris, Presses Universitaires de France, 1978.

J. RIGAUD, *La culture pour vivre*, Paris, Editions Gallimard, 1975.

Th. VEBLEN, *Théorie de la classe de loisir*, Paris, Editions Gallimard, 1970.

REVUES

*Après-demain*, Travail et loisir, 1972.

— Le sport, février 1977.

*Communications*, La politique culturelle.

# TABLE DES MATIÈRES



Imprimé en France
Imprimerie des Presses Universitaires de France
73, avenue Ronsard, 41100 Vendôme
Janvier 1993 — N° 38 736